普通高等教育"十一五"国家级规划教材
新世纪高等学校西班牙语专业本科生系列教材　总主

拉丁美洲
区域国别研究入门

李紫莹　编著

上海外语教育出版社
外教社　SHANGHAI FOREIGN LANGUAGE EDUCATION PRESS

图书在版编目（ＣＩＰ）数据

拉丁美洲区域国别研究入门 / 李紫莹编著 . -- 上海：
上海外语教育出版社,2023
新世纪高等学校西班牙语专业本科生系列教材
ISBN 978-7-5446-7915-2

Ⅰ. ①拉… Ⅱ. ①李… Ⅲ. ①西班牙语—高等学校—
教材②国际关系—拉丁美洲—高等学校—教材 Ⅳ.
①H349.39：D

中国国家版本馆CIP数据核字(2023)第211425号

图片出处：第123页,Louie Sally旅忆。

出版发行：上海外语教育出版社

（上海外国语大学内） 邮编：200083
电　　　话：021-65425300 (总机)
电子邮箱：bookinfo@sflep.com.cn
网　　　址：http://www.sflep.com
责任编辑：张瑞文

印　　　刷：常熟市华顺印刷有限公司
开　　　本：787×1092　1/16　印张14.75　字数300千字
版　　　次：2023年12月第1版　2023年12月第1次印刷

书　　　号：ISBN 978-7-5446-7915-2
审 图 号：GS（2024）0195号
定　　　价：58.00元

本版图书如有印装质量问题，可向本社调换
质量服务热线：4008-213-263

总序

当今世界正经历百年未有之大变局。面向未来，提高人才培养的质量是我国迈向社会主义现代化强国的迫切任务。党的二十大提出了深入实施"科教兴国"战略，强化现代化建设人才支撑，并将"培养德才兼备的高素质人才"作为实施该战略的目标之一，也对我国外语教育改革发展提出了新定位和新要求。人才培养的质量在很大程度上取决于教材，外语专业教材在建设具有中国特色的世界一流大学中发挥着积极的作用。

为落实好党的二十大精神，加快构建新发展格局，着力推动高校外语教育高质量的发展，上海外语教育出版社罗致我国西语教学界的精英编写本套《新世纪高等学校西班牙语专业本科生系列教材》。系列教材的编写要全面、深入地贯彻党的二十大精神，在语料、内容的选择上坚持立德树人、培根铸魂的根本任务，立足文化自信自强，引领高等外语教育高质量发展。

西班牙语作为母语使用的人口数近5亿，仅次于汉语；西语作为官方语言的国家有21个，在英语、法语之后居世界第三；西语国家面积覆盖总数1 221万平方公里，在英语、法语、俄语之后位列世界第四；西语作为国际交流语言在国际组织的使用位列第三。西语世界地大物博，资源丰富，市场容量巨大；西语国家历史悠久，文化丰富，古代文明同现代艺术交相辉映，文学、艺术、体育各个领域群星璀璨，大师辈出。西语作为重要的国际交流工具并代表着巨大的市场，其影响不断上升，是当之无愧的世界通用语种。

由于历史原因，西班牙语在我国长期被认为是"小语种"。随着中国改革开放事业的发展和"一带一路"倡议的实施，中国与西班牙和拉美地区的政治、经济、文化关系也日益发展，人员交往十分频繁。社会对西语人才的需求越来越大，学习西语的人数也越来越多。我国高校西语专业教学面临新机遇和新挑战。

西班牙语和汉语是两门在语法形式结构和文化内容背景方面都存在巨大差异的语言。作为人类最主要的交际工具，语言的特点就是其系统性。语音最具物质性，其结构系统有限，主要靠模仿、操练正确掌握。词汇为开放体系，其系统性直接与该语言代表的文化概念的系统性相关，主要靠认知、辨析和积累大量掌握。语法虽然呈封闭体系，但其系统性表现为严格的规则性，在像西班牙语这样的西方语言里又表现为结构系统的外在性和严密性，对于习惯使用重意念组合、轻结构形式的汉

语的中国学生来说，必须经过强化的语法规则系统训练才能熟练掌握。

汉西语言文化之间的巨大差异决定我国西语教学界必须研究认识两者间的对比差异，以此为出发点，借鉴国内外外语教学法研究成果，努力建立适合在中国面向中国学生的西班牙语教学体系，包括教学大纲、课程设置、教材编写、教学方法、测试内容、师资培训等各个教学环节。在教材方面，虽然有众多的原版教材可供引进改编使用，但鉴于汉西语言文化的巨大差异、西语人才培养规格要求和大学专业西语的教学特点，我们认为编写适合中国学生学习使用的西班牙语教材是必不可少的，我们必须拥有凝聚多年教学经验、适合自身需求的系列配套教材。

本教材的指导思想和基本理念是既可借鉴国外先进的外语教育思想和方法，又能传承和弘扬本国的西语教育的优秀传统，博采国内外外语教学各流派之长，集我国高校西语教育半个多世纪来的经验之大成。本套教材聚集全国主要高校西语骨干教师共同编写，编著者具有多年西语专业第一线教学经验，所属院校类型齐全，地域遍及全国东南西北，能够反映我国西语专业教学水平和发展方向，具有代表性和权威性。本套教材种类繁多，力图涵盖当前我国高校西班牙语专业开设的主要课程，涉及西语专业核心课程和五大专业方向课程，根据课程设置、教学目的和中国学生的具体学习问题组织教材的内容、形式和进度，符合建立我国西班牙语专业课程体系和教学内容的要求。同时配以现代化的教学手段，并在编排和体例上有所突破。

我们相信，《新世纪高等学校西班牙语专业本科生系列教材》的编写过程是对我国西班牙语教学经验的深入总结，其出版将进一步满足21世纪西语专业发展和西语人才培养的需要。我们也衷心希望各校西语师生在使用过程中研究并提出改进建议，共同为促进中国西语教学事业的稳步发展作出贡献。

陆经生

教育部高校外语专业教学指导委员会西班牙语分委员会原主任委员

前言

党的二十大报告明确提出"以中国式现代化全面推进中华民族伟大复兴"。在开启全面建设社会主义现代化国家的新征程中，我国坚持实施更大范围、更宽领域、更深层次的对外开放，依托我国超大规模市场优势，促进国际合作，实现互利共赢，推动共建"一带一路"行稳致远，推动构建人类命运共同体。上述目标和战略都对加快发展区域国别学科提出了现实要求。外语学科作为区域国别学科的交叉支点之一，其教学任务不再局限于提升学生的语言能力，还包括丰富学生对语言对象国的认识、了解和理解。因此，对相应的区域国别研究入门类外语教材的需求也应运而生。

那么，在人工智能和大数据时代，在搜索引擎如此发达、多元，搜索内容不断细化的时代，学生需要一本什么样的区域国别研究入门类教材？这是我们在编著过程中，始终思考并试图回答的主旨性问题。一方面，网络资源使得几乎所有相关资料易得、丰富，但又混乱；另一方面，作为一本既有区域又涵盖国别的本科外语类区域国别研究方向入门教材，在拉美的33个主权国家中，本书涉及的重点国家有近20个，在有限的篇幅内，无论怎样编写，这本教材都难免"挂一漏万"。

关键在于，**我们要选择"挂"的这个"一"是什么？**

回答是：能够体现拉美特点的问题。在区域问题相关章节，体现这个地区的共性；在国别部分，体现不同国家的个性。即：拉美地区及国家有哪些特点，以及了解哪些内容或者从哪里入手就可以理解其特点，这是我们选择呈现在教材中的内容。

也就是说，我们力避把这本教材做成"维基百科副本"或"百度plus"，而是力求能够在浩如烟海、良莠不齐的资料和信息中，为学生提供相对清晰、可靠并可供延展的点，连点成线，由线及面，使他们能够按图索骥，通过教材的引导，实现进一步的探索性学习并深入思考，从而对拉美地区形成丰富而立体的认知。

此外，在编写过程中，我们试图做到几个兼顾：立意上，兼顾客观概况和中国视角；内容上，兼顾国别问题的点与地区问题的面；文字上，兼顾知识讲授和语言对本科生的适恰性。

具体处理如下：

1. 在区域与国别的内容侧重方面：区域部分主要呈现殖民和独立后的历史沿革，经济、政治发展历程，地区一体化等问题；国别部分，偏重于讲解国家现状，避免内容重复，同时避免出现过多的人名、地名、总统等琐碎信息。

2. 涉及国别基本常识的内容，相对琐碎，且便于获取，不再占用篇幅。仅对一些重要问题有所提及，如委内瑞拉的五权分立，设专题讲解。

3. 现代拉美的文化与艺术部分，鉴于外语基础教材对上述内容涉及较多以及教材本身篇幅的限制，不再单独设章。相关重要问题，如壁画运动、高乔文化等，已融入国别章节中。

4. 本书作为教材，可供西班牙语专业高年级区域国别研究类课程使用，按照教学周安排，设计为16章，用于一学期教学。在结构方面，导读、课文、小贴士、练习、补充阅读等每章各组成部分既有不同知识点的引入，又有前后照应的思考，力图在有限的篇幅内使教材容量更大。导读用言简意赅的中文梳理历史史实，概括本章的主旨内容，突出重点问题，引导和帮助学生形成简要而完整的知识脉络，提纲挈领地帮助他们学习和理解课文内容。插入的"¿Lo sabías?""Rincón cultural"和"Nota lingüística"旨在帮助学生深入理解课文涉及的问题，也可适当缓解学生面对外语文本的畏难情绪。为降低难度，同时更好地帮助学生掌握知识要点，练习题的题旨部分皆为中文，内容方面，既回顾了课文，又引入了新的启发性内容。每章的补充阅读部分供学有余力的学生泛读使用。

5. 面积和人口信息均与中华人民共和国外交部官方网站保持一致，但外文表达方式并未统一，以期提高学生语言运用的灵活性。全部资料尽量保证来自官方渠道或经过多方面验证无误。

总体而言，基于内容需要，区域部分稍微难些、严肃些；国别部分简单些、活泼些。我们力求让教材体现：lo importante、lo peculiar、lo caliente、lo interesante，让学生快速掌握本书重点，**实现学得会、记得住、能思辨、有启发**。

综上，尽管在编写过程中我们努力进行了上述思考和尝试，但是如何处理国别与区域、历史与现实、共性与个性的关系，做好海量而参差内容的取舍，深度与

广度的兼顾，文本改编的适恰，始终都是非常复杂的问题。最终呈现的结果与编者本人对拉美问题的认知及专业水平紧密相关，不妥不当之处，敬请老师和同学们批评指正。

多年常驻拉美和致力拉美研究的经历给予了我对这个地区的一些认知和情感，多轮次讲授"拉美概况"课程使我积累了一定的教学经验。在此基础上，做一本区域国别研究入门类教材，是我一直以来的心愿。由衷感谢上海外国语大学陆经生教授和上海外语教育出版社编辑许一飞老师不弃鄙陋，拨冗联系并持续支持，使我有了这个宝贵的机会，他们对教材结构和编写提出了诸多宝贵意见。我的博士生对外经济贸易大学的邵禹铭同学为本书查找资料并做了仔细的校对；首都师范大学的胡玥老师为教材无偿提供部分图片，她们的认真、高效与情谊给予我助力。本书得以付梓，要特别鸣谢外教社多语种事业部岳永红编审的关注与大力支持！责任编辑张瑞文老师高效严谨的编审工作为教材出版提供了重要的保障。

感谢我所供职的北京外国语大学，北外深厚的人文底蕴、教学传统和开阔的全球视野支持着我在自身领域厚植深耕；感谢我的同事和学生们，教研互进，教学相长，是你们始终督促着我一路前行。

希望这部教材能够抛砖引玉，为我国西班牙语专业区域国别研究类教材建设管窥路径，为拉美区域国别研究人才的培养略尽绵薄之力。

编者
2023年6月于京西

目录

UNIDAD **1**

RASGOS GENERALES DE AMÉRICA LATINA

拉丁美洲概貌

导 读

　　"拉丁美洲"一词是世界历史发展的产物，其诞生过程较为复杂，简言之，系指以西班牙、葡萄牙和法国为主要宗主国的原美洲殖民地，其文化具有拉丁文化的共同特征。一般而言，国际上用"拉丁美洲和加勒比地区"这一标准表述来指称墨西哥及其以南的美洲大陆和加勒比海地区，共包括33个主权国家和一些尚未独立的地区。为了表述的方便，习惯上我们也经常把它简称为"拉美"。

　　拉美地形气候多样，资源禀赋优越，人口构成复杂，发展潜力巨大，曾孕育出灿烂的古代文明，是第三世界的重要组成部分。受殖民征服和奴隶贸易的影响，拉美在本土文化的基础上融入了欧洲和非洲元素，发展出独树一帜的特色文化。拉美作为一个有着共同历史背景和相近文化传承的地区，其区域内各国在经济发展道路、政治制度变迁、社会和阶级结构、文化与价值观等诸多方面，保持着许多共同的特征，使这一区域常被视作一个同质化的整体，这为从"拉丁美洲"这一整体视角认识和研究该地区问题提供了可能。

　　然而，拉美内部的差异性并不亚于其一致性。正如联合国教育、科学及文化组织在2006年出版的九卷本《拉丁美洲通史》（*Historia general de América Latina*）的总序中所说："拉美社会的构成是一个复杂的马赛克。"在地理位置、气候特点、自然资源、种族构成、历史文化传承等多方面因素的影响下，拉美国家在享有共性的同时，又各不相同，有着自身独特的发展路径。不同的地理位置和自然环境导致了它们在区位经济上的优势各异；多种民族和语言构成使得它们有着不同的文化特征与属性；复杂的历史传统和政治变迁也让它们的地缘政治格局和对外关系走向各不相同……正如一些学者指出的那样，多样性中的统一性是贯穿拉丁美洲的主题，只有辩证看待二者的关系，才能更好地认识这片神奇的土地。

　　作为一个貌似同质而实则多样的地区，仅从名称上，指向这一地区的就有拉丁美洲（América Latina）、伊比利亚美洲（Iberoamérica）和西班牙语美洲（Hispanoamérica）等若干表述。顾名思义，西班牙语美洲是历史上西班牙在美洲的殖民地，现在也是世界上重要的西班牙语区，共计包括18个以西班牙语为官方语言的主权国家。本书在帮助同学们从地区整体层面了解拉丁美洲的同时，将主要论及这些西班牙语国家，此外，鉴于巴西在拉美的体量和重要性，还将对巴西做专章讲述。

　　在许多文章、著述、文学和影视作品中，拉丁美洲被描述为"一片神奇的土地"。这里有寥廓壮美的自然、波谲云诡的故事、风情隽永的文化，有苦难多舛的历史、可歌可泣的人物，更有伟大灿烂的文明、波澜壮阔的进程。

　　让我们一起去了解她。

Textos

El nombre de América se atribuye al navegante italiano Amerigo Vespucci (en español Américo Vespucio), quien tras sus viajes por la costa de América del Sur, comprobó que esas tierras, denominadas Indias por Cristóbal Colón, no pertenecían a Asia.

Geográficamente, el continente americano está dividido territorialmente en dos partes: América del Norte y América del Sur. Pero cuando hablamos de la región en el sentido histórico, cultural, económico, social, político, entre otos, la tratamos de tres subregiones: América del Norte, América Central y América del Sur. Y cuando hablamos de América Latina, nos referimos al conjunto de los países americanos cuya lengua y cultura son prioritariamente latinas, frente a América Anglosajona o Angloamérica, que conforman los dos países de habla inglesa, Estados Unidos y Canadá. Así, hablar de América Latina es una forma de subdividir a todo un continente bajo un criterio lingüístico y cultural.

¿Lo sabías? `01`

请同学们对照地图，从北向南，找一找这33个主权国家，并记住其中18个以西班牙语为官方语言的国家及其西班牙语名称。

Mapa político de América Latina y el Caribe

América Latina y el Caribe, que comprende 33 países soberanos y los territorios dependientes y departamentos de ultramar, cuenta con un tercio de las reservas de agua dulce de todo el mundo, una quinta parte de los bosques naturales, el 12 % de los suelos cultivables de todo el mundo y abundante biodiversidad y ecosistemas de importancia climática global, como el Amazonas, además de cuantiosos recursos ligados a los sectores de la minería y los hidrocarburos.

拉丁美洲和加勒比地区 33 个独立国家

地区 Región y subregión		国家 País
北美洲 Norteamérica	北美洲大陆南部 el sur del continente norteamericano	墨西哥 Estados Unidos Mexicanos
	中美地峡 istmo centroamericano	危地马拉 República de Guatemala
		伯利兹 Belice
		萨尔瓦多 República de El Salvador
		洪都拉斯 República de Honduras
		尼加拉瓜 República de Nicaragua
		哥斯达黎加 República de Costa Rica
		巴拿马 República de Panamá
加勒比地区[①] El Caribe	大安的列斯群岛 Antillas Mayores	古巴 República de Cuba
		海地 República de Haití
		多米尼加 República Dominicana
		牙买加 Jamaica
	小安的列斯群岛 Antillas Menores	安提瓜和巴布达 Antigua y Barbuda
		巴巴多斯 Barbados

注：① 加勒比地区的概念比较复杂：若干加勒比海岛国在地理概念上归属北美洲；加勒比地区在一些研究中又包括了沿加勒比海的南美洲部分地区；但在涉及拉美地区的研究中，习惯上把加勒比地区单独列出，如联合国拉美和加勒比经济委员会（简称"联合国拉美经委会"，Comisión Económica para América Latina y el Caribe）。鉴于本书的主旨，为明确次地区特征并方便表述，我们在本教材中把加勒比地区单独列出。

地区 Región y subregión		国家 País
加勒比地区 El Caribe	小安的列斯群岛 Antillas Menores	多米尼克 Mancomunidad de Dominica
		格林纳达 Granada
		圣卢西亚 Santa Lucía
		圣基茨和尼维斯 San Cristóbal y Nieves
		圣文森特和格林纳丁斯 San Vicente y las Granadinas
		特立尼达和多巴哥 República de Trinidad y Tobago
	巴哈马群岛 las islas de las Bahamas	巴哈马 Mancomunidad de las Bahamas
南美洲 Sudamérica		委内瑞拉 República Bolivariana de Venezuela
		哥伦比亚 República de Colombia
		厄瓜多尔 República del Ecuador
		秘鲁 República del Perú
		玻利维亚 Estado Plurinacional de Bolivia
		圭亚那 República Cooperativa de Guyana
		苏里南 República de Surinam
		巴西 República Federativa do Brasil
		巴拉圭 República del Paraguay
		乌拉圭 República Oriental del Uruguay
		阿根廷 República Argentina
		智利 República de Chile

Relieve y clima

La geografía de América Latina, la cual considera a todo el sector ubicado al sur del río Bravo (río Grande, nombre empleado en inglés), incluye a México, América Central, el Caribe y toda Sudamérica. Esta región y los países que comprende, tienen en común la existencia de cordones montañosos, volcanes y cuencas hidrográficas de origen similar.

La Cordillera de los Andes es la principal cadena montañosa del continente sudamericano, comienza en Venezuela y termina en la Antártica, presentando una fuerte actividad volcánica y sísmica en toda su extensión. La Cordillera de los Andes es un relieve de gran importancia para la región, pues presenta una abundante concentración de minerales y además influye en el clima, ya que actúa como biombo climático impidiendo la influencia de la humedad del océano Pacífico en la parte interior del continente.

Es importante destacar que el continente se caracteriza por su enorme variedad de ecosistemas, los cuales están determinados por la presencia de diversos relieves y climas que hacen de ella una región heterogénea en paisajes y formas de vida. Una de sus características más relevantes de relieve, es que puede localizarse a varios miles de metros de altura, así como cerca del borde costero, sin alterar su esencia de ser una formación del relieve en forma de plano.

El relieve influye en la configuración de los climas. Este continente cuenta con corrientes cálidas y frías, entre los que se encuentran los climas áridos en las zonas subtropicales como el clima seco desértico en Chile, Perú, la Patagonia y al norte de México. También están los climas templados principalmente cerca del océano Atlántico y donde hay precipitaciones la mayor parte del año. Dentro de los climas templados se encuentran también el templado con lluvias en invierno y con lluvias en verano. También se encuentra el clima mediterráneo, por ejemplo, en la costa chilena. El clima subtropical se divide en dos, seco y húmedo, el seco es el clima seco desértico que nombramos antes y el húmedo se encuentra en América del Sur. El clima tropical se encuentra en la zona de la costa del Pacífico en América del Sur y en algunos desiertos en México. En América del Sur y las periferias del Amazonas, así como en la península del Yucatán y el istmo de Tehuantepec en México se encuentra el clima tropical seco. La cuenca del Amazonas se caracteriza por su clima ecuatorial lluvioso.

Flora y faura

La gran diversidad de climas y ecosistemas presentes en Latinoamérica permite que esta región tenga una flora muy variada. Entre las especies de flora más representativas se destacan las palmeras, los guineos (m. 一种小香蕉), los pinos, las caobas (f. 桃花心木) y los tamarindos (m. 罗望子树). Por su parte, América del Sur es quizá la parte de América con más diversidad de flora, se conocen al menos 44 mil especies diferentes de plantas entre las que se destacan las orquídeas (f. 兰), los pinos, los cipreses (m. 柏树), y los guamos (m. 秘鲁合欢树).

En América del Norte y Central se pueden encontrar más de 400 especies de mamíferos, al menos 100 mil especies de insectos, 1000 especies de aves y unas 500 especies de reptiles (m. 爬行动物) y anfibios (m. 两栖动物). Entre otras especies, se destacan los bisontes americanos, los venados, los osos hormigueros, las águilas, los tapires (m. 貘), las guacamayas (f. 金刚鹦鹉), los pumas, los colibríes (m. 蜂鸟) y los armadillos. Y en América del Sur habitan gran cantidad de especies debido a los diferentes climas y ecosistemas, entre las especies de fauna más representativas están las anacondas (f. 蟒蛇), los manatíes (m. 海牛), los venados, los tapires, las iguanas, las nutrias, los cóndores andinos, los lobos marinos, los tucanes, las ballenas, los delfines rosados y los flamencos.

¿Lo sabías?

你知道 tucano，llama 和 papagayo 都是什么动物吗？对照文章和图片，说说它们都分布在哪里？

Las principales especies de flora y fauna de América

Hidrografía

Los ríos en América Latina se distribuyen en las vertientes de los océanos Pacífico, Atlántico y Glacial Ártico; en el Atlántico justamente fluyen los ríos más importantes y largos que forman cuencas fundamentales para el desarrollo de las zonas.

El río más largo de América es el Amazonas con 6440 km de longitud y que atraviesa a Colombia, Brasil y Perú. Entre otros ríos importantes del continente están los ríos Paraná-Plata, Madera, São Francisco, Yukón y Bravo o Grande.

Reservas minerales

¿Lo sabías?

拉美拥有丰富的矿产资源，很多国家都是重要的能源和矿产品出口国。我国每年从拉美进口包括原油、铁矿石、铜精矿等在内的大宗商品。

En la región se concentra al menos el 49 % de las reservas de plata (Perú, Chile, Bolivia y México), el 44 % de las reservas de cobre (Chile, Perú y, en menor grado, México), el 33 % de las reservas de estaño (Perú, Brasil y Bolivia) y el 22 % de las reservas de hierro (Brasil, Venezuela y México), entre otros metales y minerales.

Además, de acuerdo a cifras de 2012, América Latina y el Caribe es la segunda zona del mundo con mayor cantidad de reservas petroleras, después de Oriente Medio, y concentra una proporción superior al 20 %. Un dato menos favorable es el de las reservas gasíferas regionales, que perdieron relevancia en la última década al situarse en torno al 4 % del total mundial. En el caso de América del Sur, los recursos naturales —incluidos los envíos del sector agroindustrial, además de los mineros, hidrocarburos y otros— representan más del 70 % de las exportaciones totales.

Agricultura

En lo concerniente a la agricultura, la región difiere de las otras en varios aspectos: grandes superficies de tierra están aún inexplotadas; la región posee grandes poblaciones de animales domésticos y finalmente, está caracterizada por una distribución muy desigual de los recursos, con la mayor parte de las tierras agrícolas repartidas en grandes unidades. La mayor parte de los países de la región están fuertemente urbanizados, con un estimado de alrededor del 70 % de la población viviendo en las ciudades. En el curso de los próximos decenios se espera un aumento del 50 % de la población de las ciudades, en tanto que la población rural tendería a mantenerse estable.

Diversidad étnica

La región de Latinoamérica se caracteriza por ser multiétnica y multicultural. En ella coexisten los pueblos indígenas (que reciben distintas denominaciones o conceptualizaciones según los países), los afrodescendientes, los romaníes y los miembros de otros grupos étnicos. A diferencia de otros continentes, aquí se produjo una mezcla explosiva de razas. Este mestizaje fundió diferencias, pero también creó nuevos tipos: cruces entre blancos e indios, entre blancos y negros, entre indios y negros y otros «sangre-mezclada», lo cual implica reconocer realidades y necesidades diferentes, tanto entre los países de la región, como dentro de los mismos.

En América Latina existen actualmente 522 pueblos indígenas que van desde la Patagonia y la isla de Pascua hasta Oasisamérica en el norte de México, pasando por distintas áreas geográficas como Chaco Ampliado, Amazonia, Orinoquia, Andes, Llanura Costera del Pacífico, Caribe Continental, Baja Centroamérica y Mesoamérica, cada uno con una cosmovisión y cosmogonía particular que configuran universos únicos y por lo tanto maneras de ser y estar en el mundo y en un territorio particular. El 87 % de los indígenas de América Latina residen en México, Bolivia, Guatemala, Perú y Colombia. Brasil es el país con más diversidad de pueblos indígenas con 241 pueblos que hablan 188 lenguas.

Esta amplia diversidad es una riqueza aún subestimada, donde la identidad tanto de las comunidades étnicas como la de las no étnicas representan retos y oportunidades para los gobiernos y los ciudadanos en general, en la búsqueda de comprender su pasado, estar siendo en el presente y proyectar un futuro.

Demografía religiosa:

En América Latina la demografía religiosa permanece básicamente cristiana. Hay algunos cambios, descensos, «traspasos» o «vaciamientos» (m. 倒空) desde la Iglesia católica hacia la Iglesia evangélica (adj. 新教的), pero se mantiene como sustrato común el cristianismo. No obstante, ese sustrato común, que conlleva cierta homogeneidad, se están produciendo transformaciones

04 Rincón cultural

Aquí se refiere a un «desplazamiento» de los creyentes desde la Iglesia católica hacia la Iglesia evangélica. 拉丁美洲的主要宗教是天主教，尽管有一些人信仰新教，但占比很低。

importantes en materias que antes eran consideradas como valóricamente muy relevantes en estos países, lo que constituye un cambio en la identidad cultural de la población en general.

Por otra parte, cuando se habla de que América Latina es homogénea se está pasando por alto una cuestión fundamental, que son todos los pueblos originarios propios de la región y que le dan una especial identidad cultural. En materia de libertad religiosa aún es un desafío pendiente identificar qué rol juegan en ella los pueblos originarios. Y esto interesa porque ellos tienen una creencia étnica asociada a su cultura, tienen una cosmovisión, que, aunque doctrinalmente para algunos no sea estrictamente una religión, sí tienen una forma de comprender la vida y la trascendencia de la misma. Algunos países reconocen constitucionalmente la existencia de pueblos originarios o comunidades indígenas y establecen la protección de sus creencias, tales como Guatemala, Haití, Nicaragua, Panamá, Paraguay, Venezuela. En el caso de Bolivia y Ecuador, sus constituciones políticas hacen un reconocimiento expreso a la Pachamama.

Los países de la región se caracterizan por una fervorosa religiosidad popular. La gente sale a las calles en procesiones o fiestas, acompañando a figuras de Jesús, la Virgen o Santos, con rezos, cantos y/o bailes. Es una expresión cultural que se toma en el espacio público. Ocurre habitualmente en las tradicionales celebraciones de cuaresma (f. 四旬斋), Semana Santa y expresiones de devoción a la Virgen y Santos.

Rincón cultural 05

La Pachamama, o Madre Tierra, es una deidad venerada por ser generadora de la vida, símbolo de fecundidad por su capacidad para producir, bendecir y engendrar plantas, animales, alimentos y otros medios de subsistencia del ser humano. Es adorada por los descendientes de los pueblos indígenas. *Pacha* se traduce en palabras como 'cosmos', 'universo', 'tiempo', 'espacio' y 'tierra', mientras que mama significa 'madre'. 大地之母或自然之母，又译"帕查妈妈"，是印加人最亲切的神灵，掌管土地，赐予印加人食物和住所。

Nota bibliográfica

➡ 徐世澄. 绚丽多彩的现代拉丁美洲文化 [M]. 昆明：云南大学出版社，2017.
➡ 索飒. 把我的心染棕 [M]. 上海：文汇出版社，2022.

Actividades

I. 阅读下文，查找资料，说一说所列词语的译法及其历史文化内涵。

Hispanoamérica, *Iberoamérica* y *Latinoamérica* no son sinónimos

Hispanoamérica, *Iberoamérica* y *Latinoamérica* no tienen el mismo significado, como señala el *Diccionario panhispánico de dudas*, por lo que no es adecuado emplearlos indistintamente.

Hispanoamérica se refiere al 'conjunto de países americanos de lengua española', su gentilicio es *hispanoamericano* y cabe recordar que se refiere a lo relativo a la América española sin incluir lo perteneciente a España.

Latinoamérica engloba 'el conjunto de países del continente americano en los que se hablan lenguas derivadas del latín (español, portugués y francés)'. La denominación *América Latina* es igualmente adecuada. Su gentilicio es *latinoamericano*.

Latinoamérica o América Latina

Para referirse exclusivamente a los países de lengua española es más propio usar el término específico *Hispanoamérica* o, si se incluye Brasil, país de habla portuguesa, el término *Iberoamérica*, cuyo gentilicio es *iberoamericano*.

Iberoamérica

Por último, se recuerda que el término *sudamericano* no es correcto cuando se habla de mexicanos, panameños, cubanos, etc., porque no pertenecen al sur de América sino al norte, al centro o a los países del Caribe.

1. América
2. Hispanoamérica
3. Iberoamérica
4. Latinoamérica

II. 把下列国家和所属地区及其官方语言连在一起。

el sur del continente norteamericano	Argentina Cuba Costa Rica México Ecuador	Español
istmo centroamericano	Perú Jamaica Honduras Colombia	Portugués
La región caribeña	Chile Venezuela Guatemala Uruguay Belice	Francés
Sudamérica	Trinidad y Tobago Brasil Haití	Inglés

III. 思考与讨论。

1. 为什么说拉丁美洲是"种族的大熔炉"？
2. "拉丁美洲是神奇的土地"，试从地形、气候、自然资源、文化特点等角度解释这句话。
3. 根据你的知识，说说我国在拉美的主要贸易伙伴及双方主要贸易产品。

Lectura complementaria

América Latina y el Caribe: panorama general

América Latina y el Caribe mostró una relativa capacidad de resiliencia ante el aumento del estrés de deuda, la inflación y la incertidumbre en torno a la guerra de Rusia en Ucrania. En términos generales, los niveles de ingreso y de empleo se recuperaron tras la pandemia y los mercados siguen siendo moderadamente optimistas respecto al corto plazo.

En cuanto a la pobreza, la pandemia la exacerbó del 24 % al 26.5 % entre 2019 y 2021. En términos de inflación, y exceptuando Argentina, se prevé que en promedio disminuya al 5 % en 2023, tras alcanzar el 7.9 % en 2022.

Las perspectivas de crecimiento para 2023 han ido disminuyendo de manera constante a lo largo de los últimos seis meses, hasta el 1.4 %. Para el año 2024 esta cifra es del 2.4 %, previéndose el mismo porcentaje para 2025.

En el ámbito educativo, desde el comienzo de la pandemia los alumnos en promedio han perdido dos tercios de los días de clases presenciales, ya sea parcial o completamente. Esto equivale a una pérdida estimada de 1.5 años de aprendizaje y afecta en mayor medida a los más pequeños y los más vulnerables, quienes corren el riesgo de perder el 12 % del total de ingresos que percibirán durante toda la vida.

Los niveles de informalidad también son motivo de preocupación. Costosas regulaciones han obligado a la mayoría de las empresas a permanecer en la informalidad, limitando su acceso al financiamiento. Los mercados laborales también son dominados por la informalidad, que aumentó del 56.7 % antes de la pandemia al 63.4 % en 2021, mientras que la asistencia social es escasa.

Actualmente, la región transita la peor crisis migratoria de su historia. Además de los flujos tradicionales desde Centroamérica y México hacia Estados Unidos, Venezuela y Haití recientemente han experimentado una salida importante de personas. Alrededor de 7.5 millones de venezolanos salieron de su país desde 2015, mientras que 1.7 millones de haitianos se encuentran en el exterior, sumándose a los dos millones de desplazados internos.

Esta situación se ve agravada por los efectos cada vez más graves del cambio climático, que ya han ocasionado importantes pérdidas económicas y sociales. Los huracanes, las inundaciones y las sequías son cada vez más frecuentes, se estima que 17 millones de personas podrían verse obligadas a abandonar sus hogares y casi 5.8 millones caerían en la pobreza extrema de aquí a 2030, en buena medida debido a la falta de agua potable, así como a una mayor exposición al calor excesivo y a las inundaciones.

Dicho esto, las oportunidades de crecimiento verde en forma de electricidad renovable —solar, eólica y geotérmica— y un vasto capital natural —agua, árboles, biodiversidad— generan el potencial de nuevas industrias. Hay otras oportunidades que surgen de políticas a largo plazo, como la reducción de los riesgos sistémicos, promoción de inversiones en infraestructura tradicional y digital, y mejoras en el capital humano. A corto plazo, las oportunidades yacen en la preservación de la estabilidad macroeconómica, la promoción de avances en las normas aduaneras y de transporte, y la mejora en las agencias de promoción de inversiones.

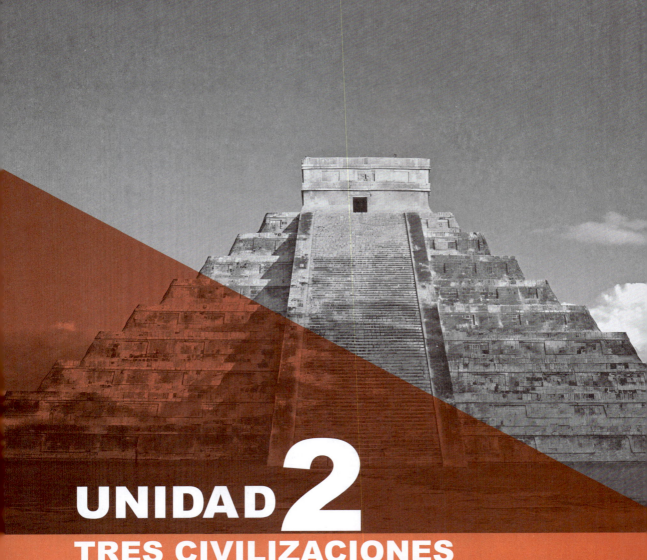

UNIDAD 2

TRES CIVILIZACIONES INDÍGENAS

三大印第安文明

导 读

历史上，由于包括人为破坏在内的种种原因，拉丁美洲古代遗存下来的文字资料十分稀少，这导致有关美洲原住民的起源众说纷纭。然而，学界较为一致的观点是：与其他大陆相比，美洲大陆长期与世隔绝，缺少与外界的文化交流。其文明的再现主要靠考古发掘收集到的古代人类活动遗留下来的实物史料。考古的遗物和遗迹显示，在独特的环境中，美洲原住民缔造出了别具一格的灿烂文明，其中最为突出的是阿兹特克（Azteca）文明、玛雅（Maya）文明和印加（Inca）文明。

印加文明的发祥地是安第斯山中部地区，主要发展在公元1200年至公元1533年的三百余年间，以农业灌溉为基础，呈现出一种文化上的连续性。没有文字的印加人发明了"结绳记事"。高耸在海拔约2 350米山脊之上的马丘比丘（Machu Picchu）城遗址以其独特的地理位置、磅礴的气势和高超的建筑技巧被称为"考古之都"。在建筑理论及工具极度匮乏的条件下，古老的印加人将城市建在陡峭的悬崖上。市内宫殿、神庙、祭坛、广场、街道、仓库等一应俱全。他们利用梯台扩大平地面积，修建配套的引水系统，这一切都彰显了印加文明辉煌的建筑成就。

位于墨西哥中央高原，河湖成片、土壤肥沃、气候宜人的墨西哥谷地孕育了阿兹特克文明。这里一年可以种植两季玉米。考古显示，当时人们还驯养了火鸡，并食用鱼类。距墨西哥城40公里的特奥蒂瓦坎（Teotihuacán）文明遗迹以其巍峨壮观的太阳金字塔和月亮金字塔展示了阿兹特克文明对太阳和月亮的文化崇拜。

玛雅文明的孕育与兴起在今墨西哥的尤卡坦半岛和今中美洲地区。一般认为，玛雅文明诞生于公元前1500年，公元3—9世纪为繁盛期，存续至公元15世纪。它也是美洲三大印第安文明中唯一一个在西班牙殖民者到来前就已经进入衰落期的文明。在对以奇琴伊察（Chichén Itzá）为代表的玛雅城邦的考古中，人们发现了大量象形文字以及有关天文和历法的记录，这些都展现了玛雅文明曾经的辉煌。

西班牙征服者的到来虽然终结了盛极一时的印第安帝国，但未能磨灭其文化和精神，拉美古代文明留下的物质财富和精神财富至今仍深刻地影响着该地区民众的日常生活。

Textos

Civilización inca: auge y caída del Imperio

　　La civilización inca fue la más grande de Sudamérica. El origen de los incas es posible hallarlo en las cercanías del lago Titicaca en el altiplano andino, desde donde emigraron para asentarse en el valle del Cusco, lugar en el que fundaron su principal ciudad, el Cusco. Desde allí comenzaron a someter, por medios pacíficos y violentos, a los pueblos cercanos, ampliando su influencia por la región andina hasta lograr conformar el imperio más extenso que existió en toda América. Ocupó parte de los actuales países de Perú, Bolivia, Ecuador, Colombia, Chile y Argentina. Se desarrolló entre 1200 d. C. y 1533 d. C., aproximadamente.

　　Durante más de tres siglos se consolidó como un estado conquistador y fuerte. Desarrolló un imperio con importantes conocimientos en arquitectura, cerámica, textilería, orfebrería (f. 金银匠手艺) y más. La cultura desarrollada por los incas recogió muchos de los progresos culturales alcanzados por otros pueblos andinos, siendo perfeccionados y, luego, difundidos sobre los territorios conquistados. Muchas de sus expresiones artísticas y avances científicos, estuvieron al servicio de su eficiente organización, en la que fueron centrales los caminos y el sistema de comunicación, permitiéndoles consolidar su poder en la región andina y sus pueblos. Famosos por su arte y arquitectura únicos, los incas construyeron imponentes edificios finamente acabados en todos los lugares que conquistaron. Desde Cusco, su capital, desarrollaron una tradición cultural que permanece activa hoy en día en diversas comunidades. Cada 24 de junio, día en que el sol se encuentra en su punto más distante de la tierra y que además coincide con el solsticio de invierno del hemisferio sur, se celebra el Inti Raymi o «fiesta del Sol» en la fortaleza de Sacsahuamán (萨克萨瓦曼).

Machu Picchu, la «capital arqueológica» de América del Sur

Arquitectura

Esta expresión fue una de las más notables, originales y representativas de la civilización inca. Las ciudades incas y sus alrededores albergaron fortalezas, palacios, templos y terrazas de cultivo, cuyo material principal fue la piedra, algunas de ellas de enormes dimensiones. Estas eran cortadas, pulidas y ensambladas entre sí de forma casi perfecta, siendo de extraordinaria firmeza. Los conocimientos alcanzados en arquitectura fueron aplicados a la extensa red de caminos, la que en sus trazados más importantes fue construida en piedra. A esto hay que sumar construcciones como colcas y tambos, que estaban repartidos por esta extensa red vial y que también estaban construidos en piedra.

Matemática y sistema de contabilidad

Los incas dominaron las principales operaciones matemáticas y utilizaron un sistema numérico de tipo decimal, es decir, de diez en diez. Estos conocimientos los utilizaron en un sistema de contabilidad denominado quipus (m. 结绳记事). Estos, consistían en un cordón central del cual prendían varias cuerdas de diferentes colores y tamaños en las que cada cierto tramo se hacían nudos. Con los quipus los funcionarios registraban los tributos recibidos y también la cantidad de población del Imperio. Como los incas no desarrollaron ningún tipo de escritura, los quipus también les permitieron el registro de hechos importantes.

Era el 1532 y los españoles ya habían pisado la tierra del Imperio inca. Arribaron a la ciudad del Cusco en 1533. El desarrollo alcanzado por esta civilización fue interrumpido de modo abrupto con la llegada de los españoles. Tras el encuentro, los incas fueron conquistados, poniendo fin a su Imperio, pero no a su cultura, la cual sigue estando presente entre sus descendientes.

El Imperio azteca y su comida

En sus inicios los aztecas, también conocidos como mexicas, fueron un pueblo nómada que habitó cerca de la frontera norte de Mesoamérica, lugar desde el cual emigraron hacia el sur para asentarse a orillas del lago Texcoco, donde fundaron Tenochtitlán (阿兹特克古城特诺奇蒂特兰). Desde esta ciudad comenzaron a dominar los territorios y a los habitantes de la zona, construyendo en pocos siglos un poderoso imperio, es decir, un estado con un poder centralizado y que, en general, a través de la fuerza, domina a otros pueblos.

Los territorios conquistados por los aztecas correspondían al área que actualmente ocupa el centro-sur de México y parte de Guatemala. Estos territorios tienen en su centro la meseta central de México, la que está rodeada por varios cordones montañosos. Si bien en esta zona predomina un clima cálido, en las alturas es posible encontrar climas fríos de montaña y, en otras zonas, paisajes tan variados como selvas, desiertos y bosques.

01 Rincón cultural

Mesoamérica, 中部美洲, 意为"两美洲之间地区", meso意为"'medio' o 'intermedio'"。

Sus límites se encuentran entre una línea que corre al norte de la capital de México, y otra que corta América Central por Honduras y Nicaragua, hasta la península de Nicoya, en Costa Rica.

El desarrollo y poderío de esta civilización se extendió hasta la llegada de los españoles, quienes la conquistaron, haciendo desaparecer su imperio, pero no aspectos de su cultura, que persisten hasta hoy en día.

La teotihuacana es una de las culturas más relevantes de Mesoamérica, no solo porque dio lugar a uno de los asentamientos más grandes y complejos de la época prehispánica, sino porque sus miembros fueron capaces de aglutinar con eficiencia los logros culturales que habían venido dándose por siglos entre los grupos que les antecedieron. El nombre de la ciudad, y su posterior adaptación al español «Teotihuacán» (特奥蒂瓦坎古城), es el que le dieron los mexicas (comúnmente llamados aztecas).

Teotihuacán, México

El maíz

El maíz es una especie autóctona de América que sus pueblos originarios comenzaron a domesticar desde aproximadamente el año 7000 a. C., aunque existen distintas interpretaciones sobre la fecha exacta. Este alimento fue de vital importancia para las grandes civilizaciones de América: la maya, la azteca, y la inca en el área andina. Su influencia en la historia de estos y otros pueblos originarios puede verse en distintas áreas: la economía, la vida cotidiana y la religiosidad. Tras la llegada de los europeos el maíz rápidamente comenzó a producirse a gran escala en todo el mundo. Hoy el maíz, junto con el arroz y el trigo, es uno de los cereales más producidos a nivel mundial y uno de los pilares de nuestra alimentación.

El origen mitológico azteca del maíz

02 ¿Lo sabías?

今天，哪个拉美国家以玉米饼这一美食著称？你曾经品尝过吗？夹有哪些馅料？味道怎样？

Según el libro *Mitos y leyendas de los aztecas, incas, mayas y muicas*, «[Después de la creación de los seres humanos] otra vez dijeron los dioses: ¿qué comerán los hombres? (...) Ya todos buscan alimento. Luego fue la hormiga a coger el maíz desgranado que se encontraba dentro del cerro de la subsistencia. Quetzalcóatl encontró a la hormiga y le dijo: "Dime dónde fuiste a cogerlo". (...) Luego le dijo allá (señalando el lugar). Entonces Quetzalcóatl acompañó a la hormiga colorada hasta el lugar en donde estaba guardado el maíz, esta colocaba los granos en la orilla del cerro y en seguida Quetzalcóatl los llevó a Tamoanchán. Allí los mascaron los dioses y lo pusieron en la boca de los hombres para robustecerlos (tr. 使强壮)».

La dieta de los aztecas

En el libro *Así vivían los aztecas* se describe, «La comida diaria solía estar compuesta de maíz, frijol, amaranto (m. 苋) y chía (f. 奇亚籽，薄荷类植物芡欧鼠尾草的种子), que figuraban a menudo como tributos impuestos a los vencidos. (...) el maíz tenía enormes ventajas, ya que aparte de proporcionar grandes excedentes de grano era fácil de conservar y transportar, sobre todo convertido en harina. (...) Se consumía en grano, transformado en harina o como panificable a modo de tortillas o empanadillas que se rellenaban de frijol y carnes. Del maíz se aprovechaba todo: las mazorcas (f. 玉米穗) servían para hacer sopas y hasta los gusanos que criaba constituían un manjar (m. 美味佳肴) exquisito».

Las ciudades mayas y su crisis

La historia de los mayas se inició hace más de dos mil años en el área cultural y geográfica conocida como Mesoamérica, lugar donde se desarrollaron múltiples pueblos con características culturales comunes entre sí. El territorio maya abarcó lo que actualmente corresponde al sur de México, Guatemala, Belice, parte de Honduras y El Salvador.

La arquitectura maya tiene codificada la cosmovisión de su cultura en los muros de sus palacios. Las grandes pirámides y complejas construcciones poseen un estilo particular. Chichén Itzá, Uxmal y Tikal son algunas de las ciudades más visitadas. El sistema de escritura jeroglífica maya era una sofisticada combinación de pictogramas que representaban directamente objetos e ideogramas (m. 表意文字) que expresaban conceptos abstractos. En el campo de las matemáticas, realizaron cálculos avanzados con un sistema de numeración vigesimal y fueron de los primeros pueblos en usar el cero. Asimismo, la astronomía también formó parte del día a día de los mayas.

Las ciudades mayas tuvieron ciclos de auge y decadencia, después de lo cual muchas de ellas fueron abandonadas. Con el paso del tiempo, diferentes razones provocaron la decadencia de los mayas, momento en el que comienzan a desaparecer las ciudades y a decaer la civilización desarrollada. Cuando los españoles llegan a América, influyen aún más en este proceso. Las causas de estas crisis han sido uno de los grandes enigmas de la historia. Esto se debe fundamentalmente a la escasez de fuentes y a la difícil interpretación de las que existen: solo en la década de 1980 se logró descifrar (tr. 解码) el complejo sistema de escritura de esta civilización. Además, el uso de nuevos recursos tecnológicos, como fotos satelitales, ha permitido que se descubran nuevas pistas, que matizan o contradicen las conclusiones realizadas con anterioridad.

Pese a ello, en la era moderna hoy, descendientes de esta cultura siguen habitando en el territorio que alguna vez albergó a esta civilización. Hoy en día, los mayas siguen cultivando las mismas tierras y recorriendo los mismos ríos que sus antepasados, desde el norte de Yucatán hasta Honduras. La afirmación de que los mayas desaparecieron de alguna manera, simplemente porque sus ciudades se encontraron abandonadas, no solo es inexacta, sino que insulta a los más de seis millones de mayas que mantienen las tradiciones de sus antepasados. Aunque la región se cristianizó en el siglo XVI con la invasión y la inquisición, todavía se observan las antiguas costumbres en un sincretismo (m. 调和主义) del catolicismo europeo y el misticismo maya. El guardián del pueblo sigue interpretando la energía del día y los rituales se siguen realizando en cuevas y colinas. En la isla de Cozumel, los santuarios a la Virgen María y a la diosa Ixchel son intercambiables y, a menudo, uno y el mismo. Se ha aprendido mucho sobre los mayas desde los días en que John Stephens exploraron y documentaron las antiguas ruinas, pero, para los mayas que viven hoy en día, nada importante se ha olvidado y el ciclo de la vida continúa.

Quetzalcóatl (羽蛇神)

Quetzalcóatl, «Serpiente de plumas preciosas», es uno de los dioses más importantes de la cultura mesoamericana, a veces considerado la principal divinidad del panteón

03 Nota lingüística
fuentes 指资料来源。
Interpretación, descifrar, descodificar, 注意西班牙语词汇的替换使用。
译文：
这主要是因为史料不足，现存的史料也难以解读：这个文明复杂的书写系统直到20世纪80年代才被破译出来。

04 ¿Lo sabías?
译文：
仅仅因为他们的城市被遗弃，就声称玛雅人不知何故已经消失的论断，不仅不准确，而且侮辱了600多万延续了祖先传统的玛雅人。
请你查找资料，了解玛雅文明的历程。

05 Rincón cultural
19世纪30年代，美国人约翰·斯蒂芬斯在洪都拉斯的热带丛林中首次发现了玛雅古文明遗址。

(m. 众神) mexicano. Es la deidad (f. 神) de la vida, la luz, la fertilidad, la civilización, el conocimiento y de los vientos y regidor del Oeste. Quetzalcóatl es el nombre de Azteca. En la cultura Maya, lo llaman Kukulcán.

Imagen de Quetzalcóatl

Nota bibliográfica

➡ 德拉维加.《印卡王室述评》[M].白凤森, 杨衍永, 译. 北京: 商务印书馆, 2018.
➡ 郝名玮, 徐世澄.《拉丁美洲文明》[M].北京: 中国社会科学出版社, 1999.

Actividades

I. 用西班牙语解释下列词汇或表达。

1. quipus
2. patrimonio
3. el origen mitológico azteca del maíz

II. 阅读下文，查找资料，谈谈拉美地区如何保护印第安文化遗产。

Grupo mapuche de componedores de huesos es parte de los Tesoros Humanos Vivos 2014

«El Patrimonio es el legado que recibimos del pasado, lo que vivimos en el presente y lo que transmitimos a las futuras generaciones. Nuestro patrimonio cultural y natural es una fuente insustituible de vida e inspiración, nuestro punto de referencia, nuestra identidad. El patrimonio mundial es el cimiento sobre el cual la humanidad edifica su memoria y desarrolla sus múltiples identidades. Permitir la destrucción de las obras maestras, los conocimientos, los paisajes o las especies animales y vegetales que componen ese patrimonio equivale a arrancarle a una persona todos los recuerdos de su infancia, de su familia y de los lugares donde ha vivido». (UNESCO，联合国教科文组织)

El patrimonio natural es aquel que forma parte de la naturaleza y que tiene relevancia estética, científica o medioambiental como las reservas de la biosfera, los monumentos naturales, los santuarios de la naturaleza y las reservas y parques nacionales. El patrimonio cultural material o tangible, corresponde a todas aquellas expresiones materiales relevantes de la cultura, como los restos arqueológicos, las obras arquitectónicas o los monumentos históricos. El patrimonio cultural inmaterial o intangible, corresponde a aquellas expresiones relevantes de la cultura, como la música, las danzas, las tradiciones orales, los ritos, la medicina tradicional y la religiosidad popular.

El Consejo de la Cultura y las Artes de Chile incluyó a un grupo mapuche de componedores de huesos[1] como uno de los seis Tesoros Humanos Vivos 2014, una distinción UNESCO. La distinción dada al colectivo considera la labor por mantener vivas manifestaciones portadoras del patrimonio cultural inmaterial de alta significación para el país y las comunidades locales. El reconocimiento UNESCO destaca oficios y prácticas poco visibilizadas, pero muy relevantes para las culturas en el país. El Grupo de Ngütamchefe, componedores de huesos de la comuna de Tirúa, Región del Biobío, está conformado por agentes de salud mapuche, conocedores de la forma, funciones y posición de los huesos, con una gran habilidad en evaluación palpatoria y de maniobras que les permite componerlos cuando han sufrido fracturas, luxaciones y otro tipo de dolencia.

1　componedores de huesos 类似于我们中医的按摩或正骨。——编者注

III. 思考与讨论。

1. 玛雅人、阿兹特克人和印加人都居住在今天拉美的哪些地区？
2. 三大印第安文明有哪些异同？
3. 它们对世界最大的贡献分别是什么？
4. 什么因素导致了三大文明的没落？
5. 说一说你所知道的拉美史前文明遗迹。

Lectura complementaria

Los idiomas más hablados en América (después del español y el inglés)

No es ninguna novedad que los idiomas más hablados en el continente americano sean el español o castellano, con más de 400 millones de hablantes (entre nativos y hablantes de español como segunda lengua), y el inglés, con unos 300 millones de hablantes de inglés como primera lengua en Estados Unidos, cerca de 20 millones en Canadá, y aproximadamente 1 millón en el resto del territorio de las Américas.

Teniendo en cuenta que en Brasil se habla portugués como lengua oficial (más de 200 millones de habitantes), y que en Canadá y varios países de Centro América se habla francés (cerca de 10 millones de hablantes), tampoco resulta sorprendente que estos dos idiomas estén entre los más hablados en toda la extensión americana.

Hasta aquí, todos podemos coincidir en que la totalidad de la población americana hablará al menos uno de estos cuatro idiomas. Sin embargo, hay una realidad mucho más interesante y pluralista detrás de estos datos:

En toda Latinoamérica se hablan unas 420 lenguas indígenas;

Se estima que desde Groenlandia hasta Tierra del Fuego existen aún entre 900 y 1500 lenguas nativas;

El 10 % de la población latinoamericana pertenece a alguno de los pueblos indígenas precolombinos y habla una de dichas lenguas —que, en algunos casos, tienen estatus cooficial dentro de su territorio, como el náhuatl en México, el guaraní (m. 瓜拉尼语) en Paraguay y zonas limítrofes de Bolivia y Argentina, el quechua en Perú, Bolivia y zonas de Colombia, el Ecuador, Chile y Argentina y el aimara (m. 艾马拉语) en la región del lago Titicaca entre Perú y Bolivia—.

Datos rápidos:

Se calcula que el 10 % de la población de América Latina es indígena.

En América Latina hay 522 pueblos indígenas que hablan 420 lenguas distintas.

108 pueblos indígenas son transfronterizos.

La mayoría de países latinoamericanos tienen una población indígena que va del 3 % al 10 % del total.

En Latinoamérica hay 103 lenguas transfronterizas, que se hablan en dos o más países.

América Latina tiene la mayor riqueza del mundo en familias lingüísticas con casi 100.

44 pueblos indígenas usan hoy en día el castellano como único idioma y 55 emplean solamente el portugués.

El 26 % de las lenguas indígenas de la región se encuentra en peligro de extinción.

Los censos de población recogen la información indígena con cuestiones como la autoidentificación, la lengua hablada, la lengua materna o el «color o raza».

México, Bolivia, Guatemala, Perú y Colombia reúnen al 87 % de indígenas de América Latina y el Caribe.

Se estima que en México hay 9.5 millones de indígenas, según el censo de población del año 2000.

Brasil es el país con más diversidad de pueblos indígenas con 241 pueblos que hablan 188 lenguas.

El porcentaje de población indígena en Bolivia es del 66.2 %, según el censo del país elaborado en 2001.

El quechua (m. 克丘亚语) se habla en siete países: Argentina, Bolivia, Brasil, Colombia, Chile, Ecuador y Perú.

Argentina tiene 29 pueblos indígenas diferentes.

En Lima y Buenos Aires se habla aimara y quechua.

Más del 70 % de la población mapuche habita en ciudades y centros poblados de Chile y Argentina.

Los hablantes de náhuatl están impulsando la educación en su lengua en la Ciudad de México.

Los afroindígenas garífunas mantienen vivo el uso de su lengua en comunidades y ciudades de Belice, Guatemala, Honduras y Nicaragua.

UNIDAD 3
GRAN DESCUBRIMIENTO Y CONQUISTA
地理大发现和征服

导 读

　　15世纪时，在经历了七百多年的收复失地运动后，伊比利亚半岛需要新的土地和财富来重建大业，但此时奥斯曼土耳其帝国却控制了东西方的陆路贸易，影响了西、葡两国与东方的联系。向海外传播天主教的热情、地圆学说的发展和航海技术的进步使西、葡两国将目光转向海路，从而开启了"地理大发现"时代。

　　葡萄牙率先远航，依次向西非沿海、大西洋、印度洋和太平洋推进。原本想西行前往印度的西班牙则意外地"发现"了美洲，使世界历史自此进入新的篇章。两国在1494年通过《托德西利亚斯条约》"瓜分"了世界，随后逐步通过武力和计谋征服所到之处的人民，建立起各自的殖民地，开创了属于自己的"日不落"时代。

　　哥伦布四次前往美洲，至死都坚持他所抵达之处为印度，因此将当地的土著人称为indios（印第安人），后来的"西印度群岛"也据此得名。15世纪末到16世纪初，意大利人亚美利哥·韦斯普奇（Américo Vespucio）考察南美洲东海岸，首次提出那不是亚洲而是"新大陆"。后世以亚美利哥的名字将这片大陆命名为亚美利加洲，简称美洲。

　　新大陆发现后，以西班牙、葡萄牙为首，继之英国、法国、荷兰等欧洲国家开始了对美洲的殖民和攫取，欧洲人口持续不断地向美洲迁移，掀起了人类迁移史上的第三次高潮。征服和殖民为西、葡两国带来巨大利益，也给拉美原住民带去了灭顶之灾。以巴托洛梅·德拉斯·卡萨斯为代表的少数正义之士谴责征服者的暴行，捍卫原住民的权利，被后世视为保护人权的先驱。在《西印度毁灭述略》中，德拉斯·卡萨斯以"我作证"（"Soy testigo"）的庄严态度向全世界揭露了西班牙殖民者在美洲杀戮无辜、灭绝种族的罪行。囿于历史条件、阶级身份以及自身的认识程度，他只能把改变美洲大陆非人道状况的希望寄托于报告教廷和说服王室。德拉斯·卡萨斯一生曾多次横穿大西洋，奔波于美洲和西班牙本土，为印第安人的权利而斗争，被王室任命为"印第安人的代诉人"（Procurador）。

　　从全球史角度，"地理大发现"和征服殖民不仅是拉美历史发展中的重大转折，也翻开了世界历史崭新的一页，彻底改变了世界的地缘和经济格局，开启了早期的全球化进程。

Textos

Era de los Descubrimientos

Los descubrimientos marítimos de los siglos XV y XVI cambiaron el modo de entender nuestro mundo para siempre.

Durante los siglos XV y XVI se realizaron muchas expediciones marítimas desde Europa en busca de nuevos territorios. Este momento de la historia se conoce como la Era de los Descubrimientos. Navegantes como Cristóbal Colón, Fernando de Magallanes o Vasco da Gama recorrieron mares y océanos que nadie había explorado hasta entonces y transformaron la representación del mundo que existía en aquella época.

En la primera mitad del siglo XV fueron los portugueses, capitaneados por Enrique el Navegante, los que emprendieron la exploración de las costas de África. Y en 1492 la historia del mundo cambió para siempre cuando Cristóbal Colón alcanzó la costa americana y empezó la colonización del continente.

El descubrimiento de América

El 3 de agosto de 1492, una expedición liderada por Cristóbal Colón salió de Palos de la Frontera y se dirigió mar adentro hacia el oeste. El 12 de octubre, tras dos meses de viaje, llegaron a unas islas en el Caribe.

Cristóbal Colón decidió bautizar a los nativos como «indios», creyendo estar muy cerca de Asia. La expedición estaba compuesta por 90 hombres en las carabelas (f. 三桅轻快帆船) Pinta y Niña y la nave Santa María.

En su primer viaje a América, Colón visitó las islas de Guanahaní (situada en las Bahamas), Cuba y poco después a Haití. El 2 de enero de 1493, Cristóbal Colón emprendió su retorno a tierras españolas para contar el Descubrimiento de América, pensando él mismo que había llegado a Asia.

¿Lo sabías?
哥伦比为什么至死都坚持他到达了亚洲？他探险航行的目的有哪些？

01

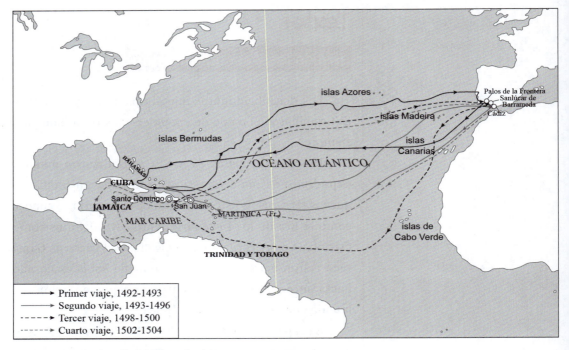

Cuatro viajes de Cristóbal Colón a América

Legend:
Primer viaje, 1492-1493
Segundo viaje, 1493-1496
Tercer viaje, 1498-1500
Cuarto viaje, 1502-1504

El Tratado de Tordesillas

El Tratado de Tordesillas, fechado el 7 de junio de 1494, se compone de una serie de acuerdos entre el rey Fernando II de Aragón y la reina Isabel I de Castilla, por una parte, y el rey Juan II de Portugal por otra, en virtud de los cuales se establece una nueva línea de demarcación entre las dos coronas, que corre de uno a otro polo, 370 leguas al oeste de las islas de Cabo Verde. El Tratado fue finalmente firmado tras laboriosas negociaciones diplomáticas entre los embajadores y letrados de ambos reinos. La modificación de la línea de demarcación que dividía el mundo entre España y Portugal dio origen al Brasil, cuya extremidad oriental quedó situada dentro de la zona portuguesa. Este documento es esencial para comprender la historia de América y las relaciones económicas y culturales entre América y Europa. Es una referencia importante no solo en lo que concierne

02 ¿Lo sabías?

El Tratado de Tordesillas，《托德西利亚斯条约》：该条约在世界历史上非常重要，是西班牙和葡萄牙两国于1494年6月7日在西班牙卡斯蒂利亚的托德西利亚斯签订的一份旨在瓜分新世界的协议。

a la historia del océano Atlántico, sino también para la memoria del mundo, ya que permitió el encuentro de continentes y civilizaciones separados por mares ignotos.

La primera vuelta al mundo por mar

En 1519, la expedición comandada por Fernando de Magallanes tenía como objetivo llegar al archipiélago de las Molucas, en Indonesia, rodeando el continente americano.

Estas islas también eran conocidas como las islas de las Especies, ya que eran muy ricas en estos condimentos (m. 调味品). El viaje fue financiado por el reino de España para abrir una nueva ruta comercial con Oriente.

Magallanes conocía la existencia de un océano entre el Nuevo Mundo y Asia, y conocía algunos lugares de la costa de Sudamérica hasta el Río de la Plata (Argentina). La existencia de una bahía dio la idea a Magallanes de cruzar el nuevo continente por el medio.

Cinco barcos salieron de España, pero solamente el Victoria, siguiendo la ruta del océano Índico (印度的), volvió tres años después. Fernando de Magallanes

La circunnavegación del mundo por Magallanes (1519–1522)

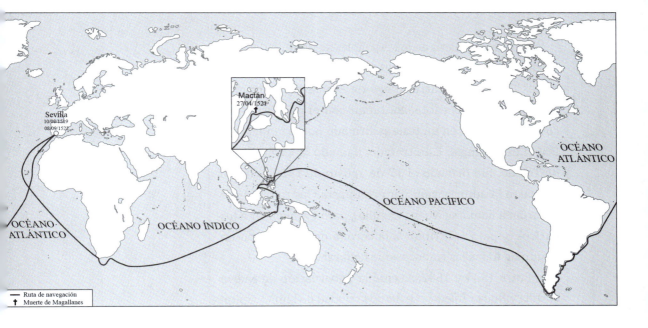

murió en Filipinas tras un enfrentamiento con los nativos.

En 1522, tras la muerte de Magallanes, un marino llamado Juan Sebastián Elcano completó la primera vuelta al mundo con la expedición. Con el regreso de la nave Victoria, se supo que era posible dar la vuelta a la tierra por vía marítima.

La conquista

A la primera llegada de Colón a América le seguiría la carrera expansionista de la conquista de las tierras americanas, a las que posteriormente otros países como Portugal, Francia e Inglaterra se le unirían. Toneladas de plata y oro se trajeron del nuevo continente, y se inició uno de los capítulos más negros en la historia, la conquista.

En 1521, Hernán Cortés, al mando de un reducido grupo de españoles y de una coalición de pueblos indígenas, conquistó la ciudad de Tenochtitlán, poniendo fin al poderoso Imperio azteca. Como todos los conquistadores del siglo XVI, Hernán Cortés no era un recién llegado a las Indias cuando emprendió la conquista del Imperio azteca. Desde 1515, unas expediciones habían bordeado el litoral mexicano.

La llegada a Perú de los españoles se produjo después de dos viajes previos sin éxito. Para su tercer viaje, los socios Francisco Pizarro, Diego de Almagro y Hernando de Luque, un sacerdote, contaban con el permiso de la corona española, en un tratado firmado por la emperatriz Isabel de Portugal. Este tratado, llamado la Capitulación de Toledo, fue firmado el 17 de agosto de 1529, y le dio a Pizarro la autorización para conquistar las tierras (que pasarían a llamarse Nueva Castilla), para evangelizar a los nativos, y para contribuir a la corona de España con un quinto de todas las riquezas que hallaran.

Entre 1534 y 1542, se creó la Gobernación de Nueva Castilla y Nueva Toledo y se fundó la ciudad de Lima (capital del nuevo territorio) con el nombre de Ciudad de los Reyes. En 1542, la región se convirtió en el Virreinato del Perú. En el mismo año, Francisco de Orellana descubrió el río Amazonas y, en 1545, se descubrieron las minas de plata de Potosí, en lo que hoy en día es territorio boliviano.

Bartolomé de las Casas (巴托洛梅·德拉斯·卡萨斯) y su obra

Elogiado en nuestro tiempo como voz pionera de los derechos humanos universales y a la vez no muy bienquisto (adj. 受到爱戴的) por algunos por su enérgica y vociferante crítica de la conquista, Bartolomé de las Casas (1484–1566) es, y seguirá siendo, un personaje de suma importancia en la historia de América Latina.

Bartolomé de las Casas llegó al Caribe durante los primeros años de la colonización española. Habiendo sido encomendero (m. 领主) español y luego fraile (m. 修士) dominico (adj. 天主教多明我会的), obispo de Chiapas en el Virreinato de Nueva España, y paradójicamente se convirtió en uno de los más acérrimos (adj. 坚定的) defensores de los derechos de los amerindios siendo el «Procurador o protector universal de todos los indios de las Indias».

En los siguientes cincuenta años de su vida, el infatigable (adj. 不知疲倦的) De las Casas no dejó de abogar por los indígenas ante los atropellos (m. 践踏) y abusos de los colonizadores. Seis veces fue a España, con la fuerza de su virtud cruzando el Mar Océano. Abogó (intr. 辩护，主张) ante el Consejo de Indias y ante la Corte para prohibir las encomiendas y futuras conquistas. Defendió y demostró la plena humanidad de los indígenas ante los defensores de la conquista. De esta manera, como él mismo nos dice en uno de sus escritos, combatió «con la espada de [su] pluma», ya sea escribiendo cartas, tratados (m. 专题性的论文或著作) misioneros, tratados legales,

Rincón cultural

Consejo de Indias，指西印度委员会。Organismo regulador de todas las actividades políticas, administrativas y jurídicas del Nuevo Mundo creada durante el reinado de Carlos I, institución de carácter consultivo, fundado en el año 1519, ratificado como organismo independiente en 1524, con dirección en Madrid.

Rincón cultural

encomienda，领地、封地，这里指西班牙在殖民地实行的"委托监护制"。Repartimiento de indios y tierras de las colonias americanas a partir del descubrimiento y conquista, con el fin de protegerlos y evangelizarlos. Se concedía por dos, tres o cuatro generaciones y de ellas estaban excluidos los mestizos y las personas que tuvieran determinadas tachas. Con la encomienda, la Corona logró recompensar a sus conquistadores y adelantados por los servicios prestados, incluir a los indios a la economía indiana y evangelizarlos. Existieron dos momentos distintos para la instauración de la encomienda, la primera de ellas fue la Antillana y la segunda la continental.

así como sus monumentales obras históricas.

Su *Brevísima relación de la destrucción de las Indias*, libro publicado en 1552, fue dedicada al príncipe Felipe —quien fue posteriormente el rey Felipe II de España—, encargado por el rey Carlos V, su padre, de los asuntos de Indias por aquel tiempo. Con su obra, De las Casas quiso que el futuro rey de España conociera las injusticias que cometían los españoles en América. El breve y potente libro describe las atrocidades (f. 暴行) de la colonización de manera gráfica, se tradujo a las principales lenguas europeas. Esta influencia no ha dejado muy buen sabor de boca a algunos intelectuales españoles por varios siglos. Entrado el siglo XIX, intelectuales y figuras importantes a ambos lados del Atlántico vieron en las denuncias e ideales de De las Casas a un precursor de sus ideales revolucionarios e independentistas.

Aunque su activismo jugó un papel importante en la promulgación de algunas reformas legales para proteger a los indígenas, estas resultaron mayormente ineficaces dada la resistencia de los colonizadores. Sin embargo, fue su obra escrita la que habría de cobrar mayor vigor a través de la historia, pues De las Casas es, ante todo, un lenguaje.

05 Nota lingüística

«Dejar buen (o mal) sabor de boca a alguien» significa dejar algo un buen o mal recuerdo a alguien. 给某人留下美好或恶劣的回忆。

Nota lingüística

Aquí quiere decir que Bartolomé de las Casas representa una actitud a favor de la protección de los indios. 请仔细体会西班牙语这种言简意赅的表达方式并尝试模仿造句。**06**

Nota bibliográfica

➡ 普雷斯科特. 秘鲁征服史[M]. 周叶谦, 刘慈忠, 吴兰芳, 等译. 北京: 商务印书馆, 1996.
➡ 雷昂-波尔蒂利亚. 战败者见闻录[M]. 孙家堃, 黎妮, 译. 北京: 商务印书馆, 2017.
➡ 哥伦布. 航海日记[M]. 孙家堃, 译. 南京: 译林出版社, 2011.

Actividades

I. 用西班牙语解释下列词汇或表达。

1. Descubrimiento de América
2. primera vuelta al mundo
3. indio
4. Tratado de Tordesillas
5. encomienda

II. 把下列历史人物与他们的身份连接起来。

Hernán Cortés	obispo de Chiapas en el Virreinato de Nueva España
Fernando de Magallanes	Conquistador de Perú actual
Juan Sebastián Elcano	Navegador que murió en Filipinas
Francisco Pizarro	El que descubrió América
Bartolomé de las Casas	Conquistador de México actual
Cristóbal Colón	El hombre que realizó la primera vuelta del mundo

III. 思考与讨论。

1. "地理大发现"怎样改变了世界？
2. 为什么巴托洛梅·德拉斯·卡萨斯神父在他的时代是一个饱受争议的人物？
3. 1992年在纪念"地理大发现"500年之际，拉丁美洲发起了一场"发现还是相遇"（¿Descubrimiento o encuentro?）的大讨论。查找资料，谈谈你对这几个词汇的理解：descubrimiento geográfico，encuentro cultural，conquista colonizadora。

Lectura complementaria

Quién es Malinche

La indígena Malintzin se convirtió en una de las más polémicas de la historia de México. Su nombre es sinónimo de traición y de toda una manera de pensar en México. Malintizin, Malinalli, la «lengua» de Hernán Cortés, fue «la llave que abrió México».

En marzo de 1519, Hernán Cortés estaba dando los primeros pasos en la campaña de conquista de México. Se encontraba en la costa de Tabasco, poblada por los mayas. Tras librar una batalla en Centla, los caciques locales acudieron una mañana al campamento español para agasajar a Cortés con numerosos regalos de oro, mantas y alimentos. Le llevaban también veinte doncellas. El conquistador español no imaginó en ese momento que una de esas jóvenes, llamada Malinalli o Malinche, doña Marina para los españoles, sería una colaboradora decisiva en sus operaciones contra los aztecas.

Malinalli había nacido hacia el año 1500, posiblemente cerca de Coatzacoalcos, antigua capital olmeca situada entonces al sureste del Imperio azteca, en la región de la actual Veracruz. Pertenecía a una familia noble —su padre era el gobernante de la ciudad de Painala— y en su infancia parecía tener por delante un futuro prometedor. Pero todo se truncó cuando murió su padre y su madre se volvió a casar con un señor local. La pareja tuvo un vástago, al que hicieron heredero de todas sus posesiones, al tiempo que decidían deshacerse de la pequeña Malinalli. Ellos entregaron a Malinalli a unos mercaderes. Estos la vendieron como esclava en el mercado de Xicalanco a otros comerciantes mayas, quienes, a su vez, terminaron por venderla al señor de Potonchán. Fue este quien finalmente la entregaría a Hernán Cortés, en marzo de 1519, con otras diecinueve doncellas.

Antes de aceptarlas, Cortés ordenó que fueran bautizadas, menos por razones religiosas que para cumplir la ley castellana que permitía mantener relaciones de concubinato únicamente entre personas cristianas y solteras.

Descubrió que Marina, además de maya, hablaba náhuatl, el idioma de los mexicanos

Desde Potonchán, Cortés se embarcó hacia San Juan de Ulúa, adonde llegó tras cinco días de navegación. Era un Viernes Santo, y mientras organizaban el campamento llegaron los embajadores de Moctezuma para averiguar qué querían aquellos viajeros. Cortés llamó a Jerónimo de Aguilar, un español que sabía maya por haber pasado varios años en el Yucatán, tras salvarse de un naufragio. Pero Aguilar no entendía el idioma de los mexicanos, el náhuatl. Fue en ese momento cuando se descubrió que Marina hablaba esa lengua, que era la de sus padres, además del maya, idioma de sus amos en Potonchán.

Como resumía un cronista, Marina «sirvió de lengua [intérprete] de esta manera: Cortés hablaba a Aguilar y Aguilar a la india y la india a los indios». Este sistema de traducción fue decisivo para el avance conquistador de Cortés, no solo porque le permitió comunicarse con los indígenas, sino también porque así conoció la situación interna de cada grupo y pudo ganarse su lealtad frente al enemigo común, Moctezuma.

A partir de entonces la situación de Marina cambió radicalmente. En San Juan de Ulúa, al enterarse de los conocimientos de la cautiva, Cortés «le dijo que fuese fiel intérprete, que él le haría grandes mercedes y la casaría y le daría libertad». El conquistador no se quedó ahí. No sabemos si Marina, a sus 19 años, era tan «hermosa como una diosa», como afirmó más tarde un cronista, ya que los retratos de la época son simples esbozos. En todo caso, Cortés no tardó en hacerla su amante.

La colaboración entre Hernán Cortés y doña Marina fue muy estrecha, hasta el punto de que los indígenas llamaron Malinche al propio Cortés: «como doña Marina estaba siempre en su compañía —dice Díaz del Castillo—, por esta causa llamaban a Cortés el capitán de Marina, y por más breve lo llamaron Malinche». El papel de la amante de Cortés como intérprete fue a menudo decisivo. En Cholula salvó a los españoles de una muerte segura al revelarles un complot de los indios, que una mujer del lugar le había confesado. En Tenochtitlán hizo posibles las conversaciones entre Moctezuma y Cortés, en las que Marina debía traducir los complicados discursos del español sobre los fundamentos del cristianismo y el vasallaje que los indios debían a Carlos V. Igualmente, en la campaña final sobre Tenochtitlán, la labor de Marina resultó decisiva para recabar el apoyo masivo de los indígenas enemigos de los aztecas.

No sabemos la fecha exacta de su muerte (aunque debió de ser antes de 1529), ni la causa. Su legado, sin embargo, sería duradero. Ser un «malinchista» suele encender los ánimos en una discusión entre los mexicanos que a lo largo de cinco siglos han aprendido que eso es ser traidor a la patria. La Real Academia Española lo define como tener «apego a lo extranjero con menosprecio a lo propio». Pero el *Diccionario de Mexicanismos* de la Academia Mexicana de la Lengua va más allá y lo define como un «complejo»: «Que tiene complejo de apego a lo extranjero».

UNIDAD4
COLONIZACIÓN Y MESTIZAJE
殖民和混血

导 读

随着"地理大发现"的推进，西班牙人不仅在中美洲建立了殖民地，还先后征服了阿兹特克帝国和印加帝国，设立了四大总督辖区，建立起"欧洲第一个真正的殖民帝国"。

最初的殖民者只在新大陆建立商业据点，一心想通过掠夺和贸易大发其财并衣锦还乡。但他们很快发现，拉美大量的资源在于土地所能提供的农产品、地下的金银和其他矿产品，他们随即调整为永久性移民殖民地的模式，在移民的同时，通过占有当地的矿产和土地资源实现对财富最大限度的榨取。他们清楚地知道，只有占有印第安人，土地和矿产才会有价值。因此，经济上，殖民统治者通过委托监护制、劳役分派制和奴隶制等制度固化了对美洲的掠夺。印第安人虽在法律上身为自由人，但实际上沦为殖民地的劳动力，承受着沉重的赋税和徭役。殖民统治者要求他们履行三项法定义务：提供劳役、缴纳贡税、接受教化——皈依天主教。沉重的劳役负担和残酷的非人待遇使得印第安人口锐减，这迫使西班牙人从非洲引入大量黑奴。依托对印第安人和黑人劳动的压榨，殖民地的金银矿开采、大庄园种植和远洋贸易得以发展，这促进了美洲经济的增长，进而巩固了大西洋彼岸西班牙、葡萄牙等宗主国的国力。

随着传教活动步步加深，欧洲文化在殖民地不断移植和扩展，最终成为拉美殖民地时期的文化主体。殖民者大量兴建教堂和修道院，并在殖民统治深化的17世纪采用盛行的繁复浮华的巴洛克风格，这使得包括墨西哥大教堂礼拜堂在内的世界八大著名巴洛克式建筑中有四座在拉丁美洲，殖民地大兴土木的规模可见一斑。

然而，不同群体间的混血使美洲的人口构成进一步复杂化，欧洲文化不可避免地与本土印第安文化和外来的非洲文化发生碰撞和融合，土著人和黑人的饮食习惯、音乐风格、服装服饰，乃至语言词汇都对殖民地的文化产生了影响。不同文化在此过程中相互借鉴和影响，最后形成了富有特色的拉丁美洲新型文化。这一时期的混血和融合，为未来拉美混血的文化认同奠定了最初的基础，其独具特色的宗教、语言、饮食和艺术等都是不同文化混合后的产物。

Textos

La colonización española

El primer asentamiento español en el continente fue fundado en la isla La Española. Tras esto, comenzó la colonización de Centroamérica. Al mando de Hernán Cortés, soldados españoles se abrieron paso a través del Imperio azteca. Valiéndose de su superioridad armamentística y de las rivalidades entre los pueblos autóctonos (adj. 土生土长的), los conquistadores lograron doblegar la resistencia azteca, masacrando a los nativos y sometiendo a los supervivientes a regímenes de trabajo forzado tales como la encomienda, la mita (f. 米塔制，西班牙统治秘鲁时期奴役印第安人的徭役制度), o la esclavitud.

Tras destruir los imperios maya y azteca en Centroamérica, los colonos fundaron el Virreinato de Nueva España, el 12 de octubre de 1535, que se extendería a través de Centroamérica, México y el sur de lo que actualmente es Estados Unidos.

Una vez consolidado el poder en el Virreinato de Nueva España, comenzó la colonización de América del Sur. Al igual que en Centroamérica, los conquistadores se encontraron con la oposición de los nativos, y especialmente, la del Imperio inca, los cuales, tras ser derrotados, fueron sometidos al mismo régimen de trabajo forzado. De esta manera, se fundaron tres nuevos virreinatos: el Virreinato del Perú, el Virreinato de Nueva Granada y el Virreinato del Río de la Plata.

El dominio español de estos territorios se extendió hasta comienzos del siglo XIX. Durante estos trescientos años, América, tierra rica en recursos naturales, se convirtió en la proveedora de materias primas y metales preciosos de España y por ende del resto de Europa. Estos materiales extraídos de las colonias permitieron a España financiar sendas (adj. 每人一个的) guerras en el continente europeo, mantener un elevado gasto militar y diplomático, y sobre todo, conservar su estatus de potencia hegemónica.

A pesar de haberse propuesto como principal objetivo en América la evangelización de los nativos, motivo por el cual España contaba con el beneplácito (m. 许可) del Vaticano, los colonos sometían a todo tipo de abusos, vejaciones (f. 折磨) y humillaciones a la población autóctona, la cual se veía obligada a trabajar en condiciones de esclavitud para abastecer la demanda de metales preciosos y materias primas de la metrópoli. A pesar de encontrarse sometidos al poder invasor, los aborígenes protagonizaron numerosas rebeliones contra los colonos, tales como la de Túpac Amaru II y Túpac Katari, que sembrarían la semilla de posteriores levantamientos a favor de la independencia.

La economía colonial

En el transcurso de la era colonial los españoles sometieron a sus súbditos (adj. 从属的) americanos a distintas formas de trabajo. Al mismo tiempo, la esclavitud fue una fuerza laboral muy importante durante este período.

En el contexto del proceso de conquista se esclavizó al nativo, para que trabajara en la extracción de metales preciosos y proporcionara alimento a los conquistadores. Las presiones ejercidas por sectores de la Iglesia y la disminución de la población indígena determinaron que la Corona española permitiese el ingreso de negros africanos para que sustituyeran a la mano de obra aborigen.

Los esclavos negros fueron empleados fundamentalmente en los sistemas de plantación y, en menor medida, en los lavaderos de oro. También fueron requeridos para el servicio doméstico donde, además, les otorgaban prestigio social a sus amos.

El sostén de la economía colonial fue el indígena americano, considerado legalmente súbdito de la Corona y, por tanto, hombre libre. La categoría de súbdito implicaba el pago de un tributo o, en su defecto, un servicio personal a los representantes de la autoridad monárquica en América.

En los dos primeros siglos coloniales la encomienda reguló la fuerza de trabajo y la distribución de la mano de obra. La encomienda era una vieja institución de carácter feudal, que establecía servidumbre a los señores a cambio de protección para los siervos (m. 农奴，奴隶). Se estableció entregando una comunidad de indios a un español conquistador a cambio de los servicios prestados por este. El beneficiario (encomendero) cobra y disfruta el tributo de sus indios, en dinero, en especie (alimentos, tejidos, etc.) o en trabajo (construcción de casas, cultivo de tierras o cualquier otro servicio); a cambio de ello, debe amparar y proteger a los indios encomendados e instruirles en la religión católica, por sí o por medio de una persona seglar (adj. 世俗的) o eclesiástica (adj. 教会的) que él mantendrá.

Paralelamente a la encomienda funcionó el sistema del repartimiento forzado, que consistió en el trabajo rotativo (adj. 轮转的，旋转的) y obligatorio del indígena en proyectos de obras públicas o trabajos agrícolas considerados vitales para el bienestar de la comunidad. Esta modalidad de trabajo se basaba en reclutamientos (m. 征募) laborales precolombinos, como fueron el coatequitl (m. 瓜特奎尔制，在新西班牙地区实行的劳役分派制) mexicano y la mita peruana, que los españoles aplicaron con un sentido diferente al que tenía en las sociedades nativas.

Las encomiendas paulatinamente fueron perdiendo su razón de ser, entre otros motivos, por la caída de la población aborigen, la desaparición de los conquistadores ávidos de recompensa y la paz que imperó en la mayoría de las provincias. En cambio, los repartimientos persistieron

01 Nota lingüística

en su defecto: por falta/carencia/escasez del pago，指如果没有钱缴税，则通过服役来为殖民地经济服务。

02 Rincón cultural

repartimiento，劳役分派制，是建立在米塔制（mita）和瓜特奎尔制（coatequitl）基础之上的强制殖民地人民从事公共性劳动的制度。

hasta el fin del período colonial.

La Corona fue incapaz de conceder encomiendas indígenas al cada vez mayor número de españoles. Por ello, muchos de estos se vieron forzados a recurrir a otras alternativas para proveerse de mano de obra. Aparecieron de esa manera diversas formas de peonaje y trabajadores libres remunerados.

Especialmente desde finales del siglo XVI, estos sistemas laborales predominaron en gran parte de la América española. Mientras en las haciendas laboraban peones, jornaleros y capataces (m. 监工，工头，领班), en las minas obreros libres ofrecían sus servicios. En las ciudades, por su parte, se constituyó una mano de obra libre calificada, compuesta por plateros, carpinteros, carreteros (m. 赶车人，车匠) y gremios (m. 行会) de artesanos en general.

Todos las categorías laborales descritas —esclavismo, encomienda, repartimiento, etc.— operaron de manera muy diversa de acuerdo a costumbres y regiones muy variadas.

Formación de una sociedad mestiza

Si hay algo extraordinario de América Latina es su colorido racial. Se trata de un continente de siete colores en el que habitan decenas de millones de indios, a los cuales se sumaron africanos, europeos y asiáticos. Pero, a diferencia de lo que hicieron los ingleses en Estados Unidos, Asia o África, aquí se produjo una mezcla explosiva de razas. Nacieron así los *mulatos* (cruza entre negros y blancos o indios) y los *mestizos* (entre blancos e indios); pero esta tipología se enriquece con diversos vocablos: *zambos* o *cafusos* (negros e indios), *pardos* (blancos e indios, negros y otros), etcétera.

Pese a las desigualdades que marcaron a la sociedad colonial, en el plano cultural, las distintas castas convivieron y se influenciaron. Este proceso condujo a la creación de una identidad cultural mestiza nacida a partir del sincretismo. Las expresiones de esta identidad se manifestaron en la alimentación, la vestimenta, el idioma, las creencias y la música, entre otras.

En el ámbito religioso, el sincretismo se constata en múltiples cultos que vinculan creencias indígenas con ritos (m. 仪式) cristianos, como en el caso del culto a la Virgen del Carmen en Chile o a la Virgen de Guadalupe en México; o las fiestas religiosas como La Tirana y los carnavales en el norte de Chile, Oruro en Bolivia y Barranquilla en Colombia. Año a año, miles de participantes asisten a estas celebraciones que combinan elementos originarios de América, África y Europa.

En cuanto al idioma, aunque los pueblos originarios adoptaron el español, este fue enriquecido con términos de sus lenguas que aún usamos. Lo mismo ocurrió con la dieta, donde se incorporó el uso de alimentos americanos como la papa, el choclo (m. 嫩玉米穗), el zapallo (m. 加拉巴木，南瓜), los porotos (m. 菜豆) y otros de origen español como la cebolla, el arroz, o la zanahoria. De esta mezcla surgieron algunos platos tradicionales, como las distintas variedades de cazuela (f. 锅，炖菜), el pastel de choclo, la empanada y las humitas (f. 一种用玉米叶包裹的食品). El folclore latinoamericano y sus ritmos como el huayno (m. 瓜伊纽民间歌舞) y el landó (m. 非洲裔秘鲁人的歌舞) en Perú o el joropo (m. 霍罗波舞) en Venezuela son otra expresión del mestizaje que perdura hasta el día de hoy.

el baile huayno de Perú

03 Rincón cultural

Identidad cultural 文化认同

La identidad cultural es un conjunto de valores, tradiciones, símbolos, creencias y modos de comportamiento que funcionan como elemento cohesionador dentro de un grupo social y actúan como sustrato para que los individuos que lo forman puedan fundamentar su sentimiento de pertenencia.

04 ¿Lo sabías?

学唱那首墨西哥著名歌曲 Cielito lindo。结合练习 II 的歌词，想一想瓜达卢佩圣母（Virgen de Guadalupe）与欧洲传统的圣母玛利亚有什么不同？

El barroco americano

La producción artística colonial tuvo como objetivo principal la evangelización, es decir, cumplió un rol difusor del dogma cristiano. Al recibir una fuerte influencia de los movimientos y estilos artísticos que se desarrollaron en Europa, asimiló elementos del Renacimiento y del Barroco, que se reflejan en las expresiones arquitectónicas, pictóricas, teatrales o musicales de la Colonia.

La pintura, al igual que otras expresiones artísticas, fue un canal de comunicación entre el mundo cristiano y el indígena. Mediante la progresiva incorporación de elementos culturales del mundo americano, el arte adquirió un carácter propio y puso en evidencia el mestizaje cultural. Por ello, ya no solo fue reconocido como Barroco americano, sino también como arte mestizo.

De ello dan cuenta pinturas, murales y objetos en los que se descubren elementos propios de los pueblos indígenas americanos, entremezclados con características del mundo español.

Los principales centros de producción artística colonial estuvieron en los virreinatos de Nueva España y del Perú, lo que originó formas y denominaciones locales como arte novohispano y escuela de pintura cuzqueña.

La arquitectura colonial se evidenció en iglesias, catedrales, edificios públicos y palacios. Se emplearon arcos y columnas clásicas tradicionales del barroco, que se combinaron con motivos y elementos decorativos de raigambre indígena. Además, algunas catedrales, como la de México, fueron construidas sobre templos indígenas para colonizar las antiguas creencias e imponer el cristianismo.

El teatro fue otro medio de representación y difusión del cristianismo. Muchas obras fueron protagonizadas por los propios indígenas, a quienes se buscaba evangelizar. En cuanto a la música colonial, destacaron los villancicos y las tonadas (f. 歌谣，歌曲). Entre los instrumentos empleados estaban la trompeta, la flauta, la vihuela, la guitarra, los tambores y el órgano. En el siglo XVI, se apreció en América la influencia de la escuela franco-flamenca de música; mientras que en los siglos XVII y XVIII se introdujo el barroco, aunque siempre manteniendo un carácter propiamente español.

Nota bibliográfica

➡ 贝瑟尔. 剑桥拉丁美洲史 (第二卷) [M]. 中国社会科学院拉丁美洲研究所, 译. 北京: 经济管理出版社, 1997.

➡ 加莱亚诺. 拉丁美洲被切开的血管 [M]. 王玫, 张小强, 韩晓雁, 等译. 南京: 南京大学出版社, 2018.

➡ 雷斯托尔, 莱恩. 殖民时代的拉丁美洲: 第二版 [M]. 刘博宇, 译. 上海: 上海人民出版社, 2023.

➡ GALEANO E. Las venas abiertas de América Latina [M]. 76.ª ed. Ciudad de México: Siglo XXI, 2004.

Actividades

I. 用西班牙语解释下列词汇。

1. criollo, indígena, mestizo, mulato, zambo
2. virreinato, encomienda, reclutamiento

II. 拉美许多著名歌曲的歌词有多个版本。唱读墨西哥民歌 *Cielito lindo* 下面这版歌词，词作者要传达什么样的思想感情？

Cielito lindo

De la sierra morena,
Cielito lindo, vienen bajando,
Un par de ojitos negros,

Cielito lindo, de contrabando.

Ese lunar que tienes, cielito lindo,
Junto a la boca no se lo des a nadie,
Cielito lindo, que a mí me toca.

Ay, ay, ay, ay canta y no llores,
Porque cantando se alegran,
Cielito lindo, los corazones.

Ay, ay, ay, ay, canta y no llores,
Porque cantando se alegran,
Cielito lindo, los corazones.

Yo a las morenas quiero,
Desde que supe, que morena,
Es la virgen, cielito lindo,
De guadalupe.

Ay, ay, ay, ay, ay es bien sabido,
Que el amor de morenas,
Cielito lindo,
Nunca es fingido.

Ay, ay, ay, ay, ay, ay, ay,
Canta y no llores,
Porque cantando se alegran,
Cielito lindo, los corazones.

III. 思考与讨论。

1. 西班牙四个美洲总督区的建立有先有后，是基于什么？每个总督区对当时西班牙经济的主要影响和作用是什么？
2. 殖民时期拉美的经济结构是怎样的？为什么？
3. 开始于殖民时期的混血带来了哪些一直影响到今天的文化融合现象？试举例。

Lectura complementaria

Galeón de Manila

El Galeón de Manila, también llamado Galeón de Acapulco o Nao de China, era el nombre con el que se conocían las naves que cruzaban el océano Pacífico una o dos veces por año entre Manila (Filipinas) y Acapulco (Virreinato Nueva España, México actualmente) transportando mercancías muy costosas. La presencia de españoles en Filipinas modificó dramáticamente la posición del archipiélago respecto a China, colocando a Manila y a algunas otras ciudades de las islas en un punto crucial de aquella economía global creada alrededor del comercio que originaba el Galeón de Manila. Su primer viaje se realizó el año 1565 y el último en 1821. La ruta era bastante conocida en la historia como «Ruta de Seda Marítima». El Galeón de Manila fue la prolongación en el Pacífico de la Flota de la Nueva España en aquel entonces, con la que estaba interrelacionado. La conquista y colonización de Filipinas por España y el posterior descubrimiento de la ruta marítima que conectaba dicho archipiélago con América permitieron realizar el viejo sueño colombino de conectar con el mundo asiático para realizar un comercio lucrativo.

Hay documentaciones históricas que tienen comprobado que los barcos llevaron mercaderías chinas a México, tales como pólvora, seda, tela de algodón y porcelana, y trayendo a China el oro y plata producidos en México y el Alto Perú (Bolivia de hoy). Y desde Acapulco, se mandaban las mercancías chinas a otras partes de las colonias españolas en el Nuevo Continente, de modo que se formuló una red de esparcimiento de la cultura china vía el comercio. Por esta ruta, hombres de negocios, artesanos y trabajadores de China llegaron y se establecieron en Latinoamérica.

Los primeros galeones tenían una capacidad de entre 300 y 500 toneladas, aunque los posteriores tuvieron hasta 2000, e iban cargados con mercancías de toda Asia, incluyendo las originarias de actual Guangzhou o Xiamen, desde donde tardaban entre quince y veinte días. Llevaban una tripulación de unas 180 personas entre pasajeros, oficiales, marineros y aprendices, de varias nacionalidades (malasios, filipinos, chinos o indios).

En 1576 se firmaron algunos acuerdos para que los barcos chinos pudieran llegar a Manila cargados de mercancías. Unos cincuenta o sesenta juncos hacían esa ruta cada año y los pagos de esa mercancía se hacían en monedas de plata españolas acuñadas en México y Potosí —los famosos ocho reales o columnarias (八里尔银币)—, que los mercaderes chinos resellaban (para evitar falsificaciones) de tal manera que la plata americana y la seda china eran los principales productos intercambiados entre México y Filipinas. El comercio se explica por la diferente relación de cambio entre la plata y el oro entre México, España y China. En 1560, la relación de cambio entre plata y oro era 13 a 1 en México, 11 a 1 en Europa y 4 a 1 en China, por lo que esta última se convirtió en la bomba succionadora de plata de todo el mundo. Hubo algún momento de convergencia entre la relación de cambio, pero en términos generales se puede decir que hasta finales del siglo XIX China fue el mayor receptor de plata global. Si tenemos en cuenta la diferencia de precios de la plata, queda claro que los beneficios del arbitraje eran inmensos y oscilaban entre 100 y 300 por 100.

Además de llevar sus productos, los chinos también aprovisionaban a los galeones. Facilitaban materiales para su construcción e incluso proveían a las guarniciones militares y llevaban alimentos a los habitantes de la capital filipina.

Al llegar la carga de los galeones a Acapulco, se inventariaba y se montaba una feria exposición donde se vendía porcelana, muebles, lacas, joyas, textiles (mantones de Manila) y sándalo, entre otros. Una parte de la carga se enviaba a lomo de mulas hasta Veracruz (en el Atlántico) para ser embarcada rumbo a España. Del puerto de Manila salían anualmente entre uno y tres galeones.

Según estadísticas, a través del comercio vía la «Ruta de Seda Marítima», se introdujeron a China alrededor de 200 millones de pesos plata de México, de modo que el peso mexicano de plata se convirtiera en uno de los medios de circulación en el mercado chino. El comercio promovió el intercambio cultural, la introducción de las especies de maíz, patata, maní, girasol, tomate y tabaco del Nuevo Continente a China enriqueció la agricultura china, y los productos chinos servían como una importante difusión de la cultura china en Latinoamérica.

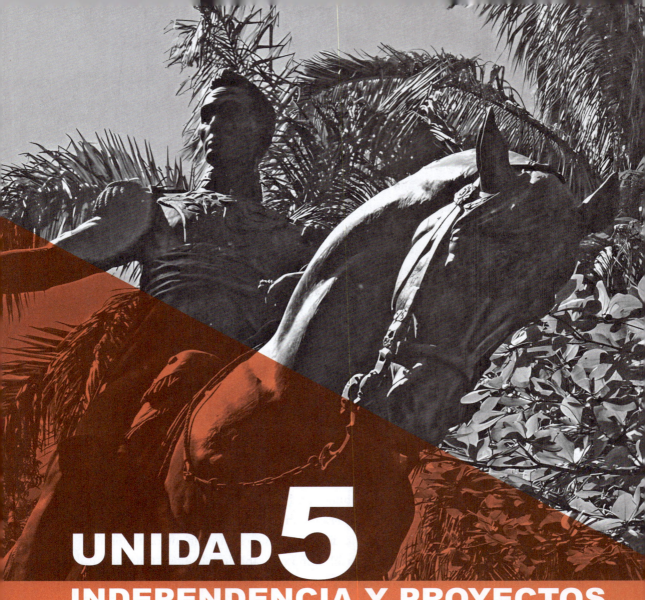

UNIDAD **5**
INDEPENDENCIA Y PROYECTOS NACIONALES

独立与国家规划

导 读

　　尽管经历了近三百年的殖民统治，美洲殖民地从未停止过对自由的追求，独立的种子终于在19世纪初开花结果。一方面，18世纪波旁王朝改革强化了对殖民地的控制，这使得在殖民地经济中有重要贡献的土生白人（los criollos）与代表宗主国殖民贵族的半岛人（los peninsulares）之间在政治经济利益上的矛盾日趋激化；另一方面，18世纪末19世纪初，欧洲启蒙运动和资产阶级革命的思想传入拉美，为独立运动提供了思想武器。最终，1808年拿破仑入侵西班牙，成为拉美独立运动的导火索，宗主国的事变使得"独立"从原本遥不可及的目标转变为现实中的紧迫任务。土生白人站到了反抗斗争的前台，发动并领导了推翻殖民统治的独立运动。1810年的"多洛雷斯呼声"掀起了西属美洲殖民地的独立浪潮，远离殖民经济中心的拉普拉塔和新格拉纳达总督辖区率先实现独立，而保守势力强大的新西班牙和秘鲁总督区亦在多轮苦战之后获得解放。拉美的独立运动从1810年起持续了16年，如果从海地革命算起，为时长达35年，是世界历史上的伟大事件。

　　一般认为独立后至1870年，为拉美民族国家的构建时期。脱离西班牙的统治后，拉美土生白人内部因利益冲突而爆发了自由主义与保守主义之争、中央集权制与联邦制之争，基于原总督辖区而建立的拉普拉塔联合省、大哥伦比亚共和国、秘鲁-玻利维亚邦联和中美洲联邦等相继解体，涌现出一批新生独立国家。

　　独立后拉美资本主义的力量相当薄弱，各国在独立时并没有形成自己的资产阶级。国家的经济命脉从欧洲殖民贵族手中转移到土生白人大庄园主、种植园主阶级手中。殖民地原有的经济社会结构并没有从根本上改变，为独立斗争付出了鲜血和生命的广大印第安人、黑人和下层混血人也没有得到应有的权利。加之连年的战争破坏了拉美地区原有的经济和贸易环境，独立后各国资本主义的发展十分缓慢，在经济上没有真正摆脱对欧洲殖民主义国家的附属和依赖。与此同时，新生国家之间冲突矛盾频发，美国等外部势力时常横加干涉，拉美国家艰难开启了新的历史发展阶段。

Textos

Las oleadas independentistas en América

A principios del siglo XIX, las colonias latinoamericanas comenzaron a vivir un proceso en común cuyo destino era independizarse de España.

Entre los años 1808 y 1824 transcurrieron en América una serie de hechos que formaron parte de un complejo proceso histórico que condujo a la emancipación política de las colonias americanas. En general, los historiadores han explicado las causas de este proceso, a través de la definición esquemática (adj. 图解的，概要的) de los antecedentes externos e internos que habrían influido en la emergencia del movimiento independentista, estableciendo, a partir de aquel esfuerzo clasificatorio (adj. 分类的), una relativa unidad de motivaciones.

Concretamente, el inicio de la independencia americana fue propiciado por la coyuntura política, bélica (adj. 战争的，军事的) e ideológica por la que atravesó España a raíz del vacío de poder provocado por la invasión de Napoleón I Bonaparte a la Península Ibérica; y la supresión de la dinastía de Borbón debido **01** al apresamiento del rey Fernando VII en 1808. Ese último acontecimiento permitió y legitimó la formación de juntas de gobierno en las ciudades americanas más **02** importantes, las que en un comienzo reconocían la autoridad del Rey, lo que reveló lo arraigada que estaba la tradición monárquica (o realista) española en América.

La posibilidad de autonomía política a partir de la ausencia monárquica no fue recibida de igual modo en las diferentes colonias. En gran medida, las distintas reacciones dependieron del tipo de vínculo político entre el gobierno imperial y las élites coloniales, en especial de acuerdo al acceso de estas últimas al control político y económico de sus dominios, cuestión que

Rincón cultural

la Casa de Borbón en España，西班牙波旁王朝。波旁王朝源于法国的波旁家族，自1700年至今断续统治西班牙。

Rincón cultural

juntas de gobierno hispanoamericanas，译为"执政委员会"或"中央委员会"，也有译为"洪达"的（音译），诞生于1808年9月，是西班牙和西属美洲共同反对拿破仑入侵西班牙的产物，曾在历史中扮演过重要角色。西属美洲各省组成执政委员会，宣布西属拉丁美洲殖民地是西班牙平等的有机组成部分，并邀请拉美人民派代表参加议会。由于半岛人人数和殖民地人数之间的差距，殖民地人民认为他们应占有议会代表人数的多数。不难看出，执政委员会是殖民地人民争取自治的雏形。

también implicaba fuertes vínculos de dependencia que la élite mantenía con el resto de la sociedad, sobre todo con sujetos como los esclavos, sirvientes y grupos de trabajadores de distintos oficios.

En general, los territorios que funcionaban como centros económicos tardaron más tiempo en considerar la independencia como un proyecto viable. En las colonias más importantes, como los Virreinatos de Nueva España (México) y del Perú, las élites se mostraron favorables a mantener los nexos con la metrópolis, pues les permitía mantener la preeminencia política y control económico que hasta entonces habían detentado (tr. 非法扣下，窃取) sobre otras zonas. La Independencia de México, por ejemplo, si bien estuvo marcada por una inicial participación e insurrección indígena y mestiza en 1810 con el grito de Dolores (多洛雷斯呼声) no se consolidó sino hasta 1821, en gran medida, por el temor de la élite dirigente al cambio en la estabilidad del marco político existente, donde ellos eran privilegiados. Por su parte, el Virreinato del Perú, se convirtió en un punto de resistencia realista que se alineó junto a la monarquía durante la restauración de Fernando VII en el trono. Esta característica convirtió a la Independencia de Perú en una de las más tardías dentro de la oleada independentista en América, producida solo en 1824.

Los grupos dirigentes de zonas marginales, alejados de los centros económicos y mineros o aquellos que habían entrado en pugnas comerciales con otros centros productivos, se convirtieron rápidamente en partidarios de una política emancipadora más agresiva. Un ejemplo claro de ello fueron las acciones del Ejército Patriota de Nueva Granada que hacia 1819 consiguió derrotar a las fuerzas realistas en Santa Fe de Bogotá de la mano de uno de los más importantes precursores de la emancipación, el destacado militar y estratega Simón Bolívar. Mientras tanto, el Virreinato de la Plata (Argentina), que disputaba a Lima el control de la minería en los territorios del Alto

¿Lo sabías?

西属美洲的独立运动以墨西哥的"多洛雷斯呼声"为开端。但是整个拉美地区的独立运动最早发生于1791年的海地。请你查阅资料，了解这段历史。

Perú, se transformó, a través de la Junta de Buenos Aires, en un actor principal en la organización de campañas militares en América del Sur.

Los Estados nacionales en América

Después de lograr su independencia, los territorios que integraban los virreinatos hispanoamericanos enfrentaron diversas dificultades para conformarse como Estados nacionales.

El término del proyecto bolivariano

Los años de lucha por la independencia dieron origen a un sentimiento americanista que llevó a actores como el venezolano Francisco de Miranda a soñar con una América independiente y organizada en una sola gran nación. En 1819, Bolívar llevaría a cabo parte de este sueño al impulsar la creación de la Gran Colombia (大哥伦比亚), que unificó los territorios actuales de Panamá, Ecuador, Colombia y Venezuela.

En el año de 1830 las expectativas de unidad y desarrollo para Sudamérica que tenía el libertador llegan a su fin. Pues se independiza Venezuela y Quito; Sucre, el fiel amigo del Libertador muere asesinado. Bolívar renunció ese mismo año luego de la disolución de la Gran Colombia en Nueva Granada, Venezuela y Ecuador y murió en Santa Marta a sus 47 años.

Simón Bolívar murió con una sensación de derrota, pues según sus palabras: «Hemos estado arando en el mar» y es que la Gran República comenzó en época difícil en la que el inconformismo con la situación política planteada por Bolívar aumentó, pues la idea de una Confederación de los Andes (Nueva Granada, Venezuela, Quito, Perú y Bolivia) no agradaba a los independentistas, pues acababan de liberarse del yugo (m. 桎梏，统治) español.

04 Nota lingüística

«He arado en el mar y he sembrado en el viento.»
— Simón Bolívar
西蒙·玻利瓦尔的名言，"我在海中耕作，在风中播种"意指所面临事物的难度。

¿Lo sabías? 05

中央集权制和联邦制的区别是什么？现在哪些拉美国家是联邦制？

El debate entre centralismo y federalismo

Una de las principales discusiones que se dieron al interior de las nuevas naciones fue la que enfrentó al centralismo, que buscaba establecer un Estado unitario y un poder central, con el federalismo, que pretendía otorgar autonomía a sus estados federales. En México, esta lucha estuvo unida también a las diferencias políticas entre conservadores y liberales.

Los conflictos entre las nuevas naciones

Otro de los problemas que debieron enfrentar los Estados nacionales americanos fueron los conflictos territoriales con los países vecinos. Si bien algunos reconocieron las divisiones arbitrarias e impuestas por la metrópoli, otros buscaron delimitar sus territorios siguiendo criterios políticos, étnicos, culturales, económicos, entre otros. Sin embargo, estas divisiones tomaron varias décadas y no siempre tuvieron éxito. Un ejemplo fue la disolución de las Provincias Unidas del Río de la Plata en lo que hoy es Paraguay, Uruguay y Argentina.

Las intervenciones extranjeras

Además de los conflictos territoriales con las naciones vecinas, los nuevos Estados americanos debieron enfrentar amenazas e invasiones externas al continente. Una de las más importantes fue la de España que, en 1864, invadió territorio peruano y por esto se enfrentó a Chile y Perú. Por su parte, México tuvo que hacer frente a la política expansionista de Estados Unidos y a una invasión por parte de Francia.

Las diferencias étnicas y culturales

Para la gran parte de las naciones latinoamericanas, el logro de la independencia no terminó con las diferencias sociales del período colonial. Mientras que las minorías criollas consiguieron consolidar su poder social y político, para los mestizos, los indígenas y los esclavos negros las condiciones de vida casi no cambiaron.

En este sentido, resalta especialmente el caso de Brasil, el último de los Estados latinoamericanos en abolir la esclavitud en 1888. Algunos historiadores plantean que esto se debió a la importancia económica que tenía el trabajo de los esclavos, mientras que otros lo explican por los gobiernos de línea conservadora que tuvo el país hasta fines del siglo XIX.

Otros ejemplos del conflicto que implicaron las distintas culturas y etnias dentro de un mismo Estado-nación fueron los de Perú y Bolivia. En estos territorios algunas de las ideas liberales, como la propiedad individual y el trabajo asalariado, se vieron frenadas por la gran cantidad de población indígena que generalmente se organizaba en torno a la propiedad colectiva de la tierra. Para fines del siglo XIX, la mayor parte de los indígenas había sido incorporada, de forma voluntaria o forzada, a los nuevos Estados.

El comportamiento económico tras la independencia

La Independencia, ese largo proceso que (con la excepción de Cuba y Puerto Rico) culminó en 1825, suele considerarse el acontecimiento más relevante en la historia latinoamericana del siglo XIX.

La evidencia acerca del desarrollo económico en América Latina muestra amplias discrepancias entre países. En el corazón del Imperio colonial, México y Perú, la Independencia no parece haber creado las condiciones para un crecimiento económico sostenido. La destrucción de capital fijo por las guerras, la fuga de capitales financieros, la crisis minera, la mala gestión fiscal y la agitación política constituyeron un obstáculo al crecimiento.

Las economías del Cono Sur, por su parte, muestran un progreso económico sostenido tras la Independencia.

06 Rincón cultural

补充词汇：caudillo y caudillismo。这一时期，出现了一个重要的词汇：考迪罗和考迪罗主义。caudillo 原义是首领、头领，指出现在19世纪拉丁美洲脱离西班牙殖民统治、独立建国时期的军政领袖，后借用指专政元首。考迪罗制于19世纪20年代独立后至20世纪前在拉美地区的大多数国家盛行。考迪罗在经济上依靠大地产大庄园主，在政治上靠军人专政来维持其政治统治。对外投靠外国势力，对内镇压人民反抗。

Como caudillismo se denomina el régimen o gobierno presidido por un caudillo. El caudillismo fue también un período histórico de Latinoamérica que se extendió a lo largo del siglo XIX, luego de la independencia de España de las nuevas naciones soberanas. El caudillismo es un fenómeno político social que se asocia al surgimiento de líderes carismáticos, hombres de armas, de personalidad fuerte, grandes dotes oratorias y popularidad entre las masas, que ascendían al poder por medio de la fuerza, a través de golpes de Estado, revoluciones, alzamientos armados, etc., y a quienes se les atribuía la capacidad de resolver los problemas de la nación. El caudillismo trajo como consecuencia, además de una notable inestabilidad política e institucional, el surgimiento de dictaduras feroces y represiones a los bandos opuestos políticos. El famoso escritor colombiano Gabriel García Márquez lo ha comentado que «la única criatura mítica que ha producido la América Latina es el dictador militar de fines del siglo pasado (siglo XIX) y principios del actual (siglo XX). Muchos de ellos, por cierto, caudillos liberales que terminaron convertidos en tiranos bárbaros».

根据上述释义，想一想 caudillo 意译为中文中的哪个词比较贴切？

El PIB per cápita chileno creció al 1.5 % anual entre 1810 y 1870, si bien la mayor parte del aumento en el ingreso per cápita tuvo lugar a partir de 1830. Los indicadores económicos disponibles sugieren un crecimiento rápido en la región de Buenos Aires, mientras que en las provincias del interior de Argentina el ingreso per cápita permanecía estancado, el resultado para el conjunto de Argentina sería una tasa de crecimiento del PIB per cápita del 0.8 % anual.

De hecho, entre 1820 y 1870, el crecimiento del PIB per cápita en América Latina aunque, naturalmente, inferior al de la Europa noroccidental y los EE. UU., fue similar al de los países del sur y del este de Europa y superior al del resto del mundo.

Nota bibliográfica

➡ 贝瑟尔. 剑桥拉丁美洲史 (第三卷) [M]. 中国社会科学院拉丁美洲研究所, 译. 北京: 社科文献出版社, 1994.

➡ 阿拉纳. 玻利瓦尔: 美洲解放者 [M]. 周允东, 译. 北京: 中信出版社, 2021.

➡ 萨米恩托. 法昆多: 文明与野蛮 [M]. 史维, 译. 北京: 外语教学与研究出版社, 2022.

➡ SARMIENTO D F. Facundo, civilización y barbarie: Vida de Juan Facundo Quiroga [M]. 12.ª ed. Ciudad de México: Editorial Porrúa, 2006.

Actividades

I. 用西班牙语解释下列词汇。

1. junta de gobierno
2. caudillismo
3. centralismo
4. federalismo
5. el grito de Dolores

Ⅱ. 下图是阿根廷乃至拉美文学史上的著名小说 *Civilización y barbarie.*
Vida de Juan Facundo Quiroga. Aspecto físico, costumbres y
ámbitos de la República Argentina（中译本名为《法昆多：文明
与野蛮》）1845 年第一版的封面照片。作者是曾任阿根廷总统的多
明戈·福斯蒂诺·萨米恩托（Domingo Faustino Sarmiento）。读
一读这本小说，说说主人公胡安·法昆多·基罗加（Juan Facundo
Quiroga）代表着哪些人？这本小说描述了阿根廷怎样的时代特征？

Ⅲ. 思考与讨论。

1. 玻利瓦尔的"大哥伦比亚共和国"的理想为什么没有实现？他面临的主要问题
   是什么？
2. 独立之后的拉美面临哪些困难？
3. 独立后的拉美领袖们向谁学习建国思路？为什么？
4. 独立后的半个世纪，拉美的经济表现如何？为什么会这样？

Lectura complementaria

Independencia de Brasil

El detonante para la independencia de Brasil es, al igual que para la América española, la invasión de la península Ibérica por parte de las tropas de Napoleón. Los franceses capitaneados por Jean Andoche Junot (1771–1813) entraron en territorio portugués, en octubre de 1807, con el objetivo de aislar por mar a su eterna enemiga, Inglaterra.

Ante estos hechos, los británicos ofrecieron protección a la familia real portuguesa y a su extensa corte para abandonar el país en dirección a Brasil. Encabezada por el regente Juan (1767–1826) y su esposa la infanta Carlota Joaquina de Borbón, hija del rey Carlos IV de España, la expedición lusa transportó a más de 10 000 personas rumbo a Brasil. La corte se instaló, en un principio, en Salvador de Bahía donde llegó en enero de 1808, para establecerse después, definitivamente, en Río de Janeiro.

Desde 1808, y vistas las ventajas de gobernar desde este rincón del mundo, el príncipe regente elevó el principado de Brasil a categoría de reino, conformando así el Reino Unido de Portugal, Brasil y los Algarves.

Este ascenso a categoría de reino que impulsó Juan iguala en derechos a la colonia y a la metrópoli. Además, coincidió con el fallecimiento de la reina María I (1734–1816), incapacitada mentalmente para gobernar desde hacía años, y su sucesión en la persona del rey Juan VI.

El rey Juan VI de Portugal, aprovechando la prosperidad económica y la relativa tranquilidad interna, planea la expansión de Brasil hasta anexionarse la Banda Oriental, creando la Provincia Cisplatina en 1817, pese a la combativa oposición de José Gervasio Artigas.

La mecha de la independencia había prendido también en Brasil. El levantamiento más importante sería el de Pernambuco de 1817 que aúna al descontento, los problemas económicos y sociales de la población frente a la prosperidad de que goza la corte en Río, en un momento en el que la reactivación mundial de la economía hunde los precios brasileños. Los insurrectos persiguen la instauración de una república, pero el movimiento se acaba con la represión y la ejecución de los cabecillas.

Pacificada ya la Península Ibérica, crece el descontento por la permanencia del rey Juan VI en Río de Janeiro. Las protestas en Portugal se canalizan a través de las propuestas de un liberalismo constitucionalista al estilo español, llegando a pronunciarse un grupo de militares en Oporto en agosto de 1820, como lo había hecho unos meses antes en España el teniente coronel Rafael del Riego.

Portugal padece los descalabros de la apertura y la libertad del comercio decretada para la flota británica bajo la regencia de un general inglés. La culpa se achaca a la desatención de Juan VI en beneficio de sus intereses brasileños. Obligado por los acontecimientos y contra su voluntad, el rey regresó a Lisboa en 1821, donde aceptó la futura constitución que elaborarían las Cortes en Portugal.

Consciente del clima liberal e independentista que invade la excolonia, el rey Juan deja en Brasil a su hijo Pedro I (1798–1834), y le recomienda que encabece los posibles movimientos emancipadores que surjan para asegurarse la permanencia de la dinastía Braganza al frente de Brasil.

Las Cortes de Lisboa con una escasa representación brasileña, pese a la igualdad jurídica de ambos territorios, son el escenario donde se debate la permanencia de Brasil como reino o su vuelta al estatus de colonia anterior a 1808. En tierras brasileñas se produce una división entre los que quieren mantener el sistema actual, con una autonomía que tanto había favorecido sus negocios, entre ellos la trata de esclavos; y los liberales radicales, partidarios de un régimen republicano.

En Portugal, la mayoría, partidaria de la supresión de la autonomía, exige la vuelta a Lisboa del príncipe Pedro. Los grupos de poder brasileños son conscientes de lo que supondría el regreso a sus orígenes como colonia. El príncipe Pedro se niega a viajar a Portugal el 9 de enero de 1822, y el 7 de septiembre declara la independencia. En diciembre, es coronado como Pedro I, emperador de Brasil.

Ante la lejanía física, Portugal se vio incapaz de atajar esta sublevación. El Brasil independiente adoptó la forma de imperio bajo un gobierno liberal. Inglaterra no tardó en reconocer a la nueva nación (1825), a cambio de sustanciosas mejoras en sus ya ventajosas relaciones comerciales. Portugal siguió los pasos de Inglaterra, alentada por esta y por la generosa indemnización que recibirán del nuevo imperio.

En 1831, Pedro volvió a Portugal para recuperar el trono que le había usurpado su hermano Miguel (1802–1866) a la muerte de Juan VI y entregarlo a su hija María (1819–1853).

Y en el trono brasileño, a Pedro I le sucedió su hijo Pedro II (1825–1891).

UNIDAD 6

PROCESO DE LA MODERNIZACIÓN ECONÓMICA DE AMÉRICA LATINA

拉丁美洲经济现代化发展进程

导 读

　　一般认为，独立后拉美国家经济的现代化进程经历了三个阶段：初级产品出口模式阶段（1870—1930年）、进口替代工业化模式阶段（1930—1982年）和外向发展模式阶段（1982年至今）。

　　19世纪下半叶，特别是70年代后，欧美工业化国家对原材料的需求大幅增长，拉美迎来了出口经济空前繁荣的时期。主要出口的初级产品包括铜、硝石等矿产品，粮食、肉类等农牧业产品和橡胶、香蕉等热带作物。出口的繁荣推动了工业化起步，实现了经济增长、城市化发展，拉美国家开始进入现代化的启动阶段。

　　第一次世界大战和始于1929年的大萧条降低了欧美国家对拉美初级产品的需求，导致拉美出口原材料的收益下跌，进口工业制成品的成本上升，暴露了以初级产品出口为导向的发展模式的不足。20世纪30年代开始，在联合国拉美经委会的积极倡导下，拉美多国转向进口替代工业化模式，以期通过扶持本国工业发展减少对国外市场的依赖。这一模式曾缔造出20世纪60年代巴西和墨西哥的"经济奇迹"，但为发展工业而大举借债的做法也给其后的发展埋下了隐患。

　　1982年墨西哥债务危机爆发，其后整个80年代，拉美国家相继面临通货膨胀和债务危机，经济严重萎缩，史称"失去的十年"。80年代末90年代初，柏林墙倒塌、苏联解体、东欧剧变，国际形势发生了重大变化。1989年在美国授意下，"华盛顿共识"（Consenso de Washington）出台。为扭转颓势，拉美多国开始在其指导下进行全面的新自由主义改革，减少国家干预，大力吸引外资，促进贸易和金融自由化，对多部门领域企业进行私有化改革。上述改革在短期内取得一定效果，但也使拉美国家在金融危机面前更为脆弱。90年代，墨西哥、巴西、阿根廷相继爆发债务、金融和经济危机，引发了拉美各界对新自由主义经济改革的反思。进入21世纪，主要拉美国家均致力于调整型的经济政策，更加关注社会政策和民生发展。

　　时至今日，拉美国家依旧面临贫困人口多、失业率高、通货膨胀严重、债务负担沉重和金融系统动荡等问题，如何从根本上推动结构性改革始终是拉美国家走出经济"增长—危机"的怪圈、实现可持续发展的重要挑战。

Textos

Modelo primario exportador 初级产品出口模式

El modelo primario exportador es un modelo que impulsó la inserción internacional de países considerados no desarrollados mediante la exportación de materias primas, con énfasis en los productos agrícolas y minerales.

En Latinoamérica el auge y consolidación de este estilo de desarrollo se ubica aproximadamente entre 1870 y 1930. Se desplegó en forma diferenciada en Latinoamérica. Países del Cono Sur como Argentina, Uruguay y Chile se incorporaron desde las primeras décadas del siglo XIX a los requerimientos del capitalismo inglés. Estos países se especializaron en la producción de bienes de amplia demanda como cueros, carnes y cereales. Por su parte, en países como México, Brasil y los países centroamericanos, la inserción plena al nuevo orden postcolonial cobró fuerza a partir de la segunda mitad del siglo XIX.

Durante la fase de desarrollo de las exportaciones de productos primarios, América Latina fue una de las regiones de la periferia de la economía mundial que lograron insertarse en forma más temprana al proceso de crecimiento económico, lo que la convirtió en una especie de «clase media» del mundo. Como resultado, entre 1870 y 1929, la participación de América Latina en el PIB mundial aumentó del 2.6 % al 5.2 % y la región creció a un ritmo per cápita superior al promedio mundial. Dado el rápido crecimiento demográfico, ello significó también una participación creciente en la producción mundial. El avance de los sectores exportadores agropecuarios, indirectamente contribuyó al desarrollo de la industria. Por razones que atañen a las modalidades del crecimiento económico en sus primeras etapas, los países latinoamericanos mostraron desde muy temprano un impulsor proceso de urbanización.

Industrialización por sustitución de importaciones (ISI) (进口替代工业化)

El origen de la industrialización por sustitución de importaciones es la etapa posterior a la Primera Guerra Mundial y anterior a la Segunda Guerra Mundial, es decir, la década de 1930. En esa época, debido a la crisis económica que atravesaban, los países europeos comenzaron a reducir sus importaciones de América Latina. Dichas compras eran, sobre todo, de alimentos y otras materias primas. Como consecuencia, bajó el ingreso de divisas al nuevo continente. El precio promedio que recibían por sus exportaciones había disminuido en relación con la tarifa pagada por sus importaciones. En otras palabras, el comercio internacional empezaba a generar menos beneficios.

Para afrontar dicha situación, se buscó la manera de reducir la dependencia del exterior. Muchos gobiernos latinoamericanos adoptaron medidas para disminuir la importación de ciertos bienes y, para sustituirlos, se alentó su producción nacional.

La industrialización por sustitución de importaciones es una teoría económica que sostiene que un país, para lograr su desarrollo, debe transformar las materias primas que posee en lugar de exportarlas. Es decir, según esta corriente de pensamiento, el Estado debe alentar la fabricación local de bienes de primer orden que lleguen al consumidor final. El objetivo del modelo ISI es que la nación dependa menos de la comercialización de sus recursos naturales. Con ese fin, el Gobierno reduce impuestos y/u otorga financiamiento a actividades que agregan valor a los bienes primarios. Asimismo, se deben imponer restricciones, como mayores aranceles o topes (m. 障碍) a las importaciones, dependiendo de la mercancía y su lugar de procedencia.

Existen dos etapas de la industrialización por

sustitución de importaciones. La primera fase consiste en alentar la producción de bienes de consumo, aquellos que satisfacen directamente las necesidades de la persona. Nos referimos a una amplia categoría que abarca desde alimentos hasta electrodomésticos y artículos de aseo. La segunda fase tiene como objetivo el desarrollo de industrias de mayor complejidad, como la alta tecnología. Además, se impulsa la producción de bienes de capital, que son aquellos utilizados para crear otros bienes o servicios.

Países como México, Brasil, Argentina y Chile aplicaron estas políticas, principalmente entre 1950 y 1970. La implementación realizó una alta tasa de autoabastecimiento (m. 自给) de productos manufactureros, insumos y productos para consumir en Brasil, México y Argentina etc., promovió el crecimiento del sector manufacturero, el peso de las manufactureras del PIB de toda América Latina ascendió del 16.5 % del año 1939 al 24 % en 1982. Constituyó la base de un sistema industrial relativamente completo en los países, como Brasil, Argentina y México (sector de automóvil y maquilador).

Sin embargo, la aplicación no mostró todos los resultados esperados y se presentaron agotamientos en la práctica, el bajo rendimiento laboral y baja eficiencia económica provocada por el exceso proteccionismo a la industria doméstica, el bajo dinamismo de acceso al mercado internacional, el deterioro de la balanza de pagos, la independencia de productos manufactureros y el incremento de valor de importaciones de los bienes de capital.

En la década 80 del siglo XX, el modelo ISI fue abandonado progresivamente en las últimas dos décadas del siglo pasado en la mayoría de países donde fue implementado.

La década de los 80 del siglo XX: años difíciles para todos

Entrada la década de los 80, la situación internacional se revirtió, las dificultades de balanza de pagos y los cambios en la política de Reagan (里根，时任美国总统) llevaron a la suba de las tasas de interés en Estados Unidos. De esta forma, dicha economía dejó de ser una exportadora de capitales para convertirse en uno de los principales destinos de los flujos financieros del mundo.

Recién comenzada la década, los cambios en el contexto mencionado provocaron una de las crisis más profundas de América Latina, la crisis de la deuda. Y esta última marcó la trayectoria de la enorme mayoría de las economías latinoamericanas a lo largo de esta década.

La prolongación en el tiempo del deterioro de las condiciones del endeudamiento, la dificultad para concordar las voluntades entre acreedores y deudores y sus efectos tan importantes sobre el producto, la ocupación y el desarrollo, determinaron diez años de estancamiento que fueron conocidos como «la década perdida».

El Consenso de Washington y reforma neoliberal

El Consenso de Washington estaba formado en 1989 por el Fondo Monetario Internacional (FMI), por el Banco Mundial y por el Departamento del Tesoro de Estados Unidos (美国财政部), las tres instituciones con sede en Washington. Se consideró que había dos causas fundamentales que habían provocado la crisis de Latinoamérica. Por un lado, el proteccionismo y el excesivo intervencionismo del Estado, y por otro, la incapacidad del gobierno para controlar el déficit público. Las recomendaciones pretendían conseguir aspectos como liberalizar el comercio exterior y el sistema financiero, reformar la intervención del Estado o atraer

01 Rincón cultural

la década perdida 失去的十年，20世纪80年代是拉美"失去的十年"。70年代实施的赤字财政政策导致了80年代拉美国家普遍的债务危机，使这一地区经济呈现负增长态势，1981—1990年拉美地区经济年均增长率仅为1.0%，人均年增长率为−1.0%，因此，人们习惯上将20世纪80年代称为拉美"失去的十年"。

capital extranjero a los países, que tenían como objetivo orientar a los países en desarrollo inmersos en la crisis económica para que lograsen salir de la misma.

Desde entonces casi todos los países latinoamericanos empezaron la reforma neoliberal económica orientada por la receta recomendada por el Consenso.

De facto, la reforma de neoliberalismo de América Latina es un proceso iniciado en medio de la década 80 desde Chile, que tiene como fundamento teórico el neoliberalismo de Hayek (哈耶克) y monetarismo de Friedman (弗里德曼) y busca la construcción de un modelo de desarrollo en sustitución del ISI para transmitir hacia una economía orientada al exterior.

Cabe destacar que las medidas no surtieron el efecto deseado en todos los países, hubo algunos países como Chile, Uruguay, El Salvador y Brasil, que sí tuvieron más signos positivos, como el progreso en la disminución de la pobreza. Sin embargo, otros países como Argentina perdieron competencia al aplicar estrictamente todas las medidas del Consenso de Washington.

El Consenso de Washington y la reforma han sido foco de múltiples críticas desde diversos ámbitos ya que muchos piensan que tuvo otras consecuencias no tan positivas y que era un dictado «neoliberal» de Estados Unidos. Estos resultados negativos fueron los siguientes:

No se consiguió un crecimiento económico (algunos académicos llaman a la década de los noventa, «la década perdida»). Aumentó la desigualdad, ausencia de progresos sociales y deterioro de los derechos humanos.

Las crisis económicas latinoamericanas en los últimos años

La crisis de las deudas de la década 80

El alza de los precios del crudo durante la década de los 70 generó un gran excedente financiero en forma de petrodólares, los cuales se convirtieron en préstamos a

¿Lo sabías? 02

哈耶克，英国经济学家，诺贝尔经济学奖得主；弗里德曼，美国经济学家，诺贝尔经济学奖得主。他们被广泛认为是20世纪最具影响力的经济学家。有兴趣可以了解下他们的主要经济主张。思考这样一个问题：为什么根据其经济学说制定的经济政策在拉美并不成功？

Nota lingüística 03

dictado, s. de dictar. 此处有"授意、强加"之意，指华盛顿共识是在美国授意下出台的，是国际货币基金组织强加给拉美国家的改革方案。

países en desarrollo, principalmente latinoamericanos. Sin embargo, el súbito repunte de las tasas de interés en Estados Unidos y el mundo a principios de los 80, generó que los países deudores se encontraran al borde de la suspensión de pagos. La crisis estalló en 1982 en México, el país entrando en una crisis financiera de la que tardarían casi una década en superar.

Crisis del Tequila de 1994–1995

La entrada de capitales financieros a México a principios de la década de los 90 fue cuantiosa como parte de la fuerte apertura económica. Sin embargo, desde enero de 1994 el país experimentó una secuencia de acontecimientos adversos que propiciaron un creciente clima de incertidumbre, lo que en diciembre llevó a un ataque especulativo que redujo el nivel de reservas internacionales con que contaba el país, de 17 mil a 6 mil millones de dólares, y llevó al tipo de cambio a una devaluación cercana a 100 %.

Este colapso financiero fue el primero que puso en cuestión las bondades de la globalización a la cual se había sumado México. Los inversionistas temían que el país no tendría los recursos para pagar sus obligaciones inmediatas en moneda extranjera, tanto públicas como privadas, por lo que fue necesario instrumentar un severo programa de ajuste y un paquete financiero por

04 Nota lingüística

al bordo de la suspensión de pagos，在违约止付的边缘。La suspensión de pagos，指违约不偿还债务，拉美地区也常用英文单词default表达。

¿Lo sabías?

龙舌兰危机、桑巴危机、探戈危机，这些经济危机为什么这样命名？这些名称都是哪些国家的文化符号？你了解它们的风格或特点吗？

| EL CASO DE MÉXICO Y EL EFECTO DEL TEQUILA | → | CRISIS ECONÓMICA DE MÉXICO DE 1994, FUE UNA CRISIS INICIADA EN MÉXICO CON REPERCUSIONES MUNDIALES |

CAUSAS
· Mucha demanda y enorme gasto gubernamental
· Falta de reservas internacionales
· Tratado de libre comercio de América del Norte

CONSECUENCIAS
· Devaluación del peso mexicano
· Subas en la tasa de interés
· Despidos masivos
· Los inversionistas extranjeros huyeron

ESTADOS UNIDOS INTERVINO RÁPIDAMENTE COMPRANDO PESOS DEL MERCADO PARA EVITAR UNA MAYOR DEVALUACIÓN DEL PESO más de 50 mil millones de dólares que Hacienda logró formar mediante el apoyo de organismos financieros internacionales, el gobierno de Estados Unidos, el Banco de Canadá y el Banco de Pagos Internacionales, constituyéndose en uno de los primeros mega rescates a escala internacional.

Crisis Samba de 1999

La crisis rusa contaminó a Brasil en 1999, cuando su economía se fue degradando rápidamente en la medida en que la turbulencia financiera se intensificaba en los mercados financieros internacionales por los problemas en Rusia. Las tasas de interés brasileñas subieron más de 30 % anual, por lo que la elevada deuda interna aumentó aún más. El FMI y otras instituciones internacionales otorgaron un paquete de préstamos por 41 mil 500 millones de dólares, que logró estabilizar la economía brasileña.

Sin embargo, la declaración de una moratoria por parte del Estado de Minas Gerais, segunda economía industrial del país, generó una ola de pánico entre los inversionistas internacionales, y la devaluación del real en casi 9 %, lo que generó un desplome en su bolsa de valores y una merma importante en sus reservas.

Crisis Tango de 2001–2002

La economía argentina se vio afectada por la crisis en Brasil, que era su principal socio comercial. El país sudamericano enfrentaba en 2001 una continua contracción hasta entrar en recesión. Esto hundió los salarios, desató saqueos de alimentos y vio salir a cinco presidentes en tres semanas. El Efecto Tango consistió en la posible declaración de Argentina de su incapacidad para cumplir con los pagos por servicio de la deuda y el contagio de su situación a los demás países latinoamericanos.

Todo comenzó con el rumor de la incapacidad de

Argentina para pagar el servicio de la deuda externa y el disparo del riesgo país, lo que sacudió los mercados financieros internacionales; además, hay que tener en cuenta que Argentina era el mayor emisor de deuda en los mercados internacionales de capital, muy por encima de Brasil y México.

Las características y perspectivas económicas de la región

Hoy en día, la situación de la economía de los países latinoamericanos varía mucho de un país a otro, en términos de PIB (en parte explicado por el tamaño de la población), socios comerciales (debido en parte a factores geográficos), inflación, pobreza / riqueza, y productos exportados, etc.

Las actividades agrícolas en América Latina

La agricultura es una actividad económica asociada a las posibilidades climáticas, edáficas (adj. 土壤的) y topográficas (adj. 地形的); de ahí que en el ámbito geográfico latinoamericano nos encontremos con producciones agrícolas propias de los climas tropicales, intertropicales de altitud y templados.

Las exportaciones agropecuarias constituyen, para un grupo importante de países, la fuente más importante de obtención de divisas. Tal es el caso de Argentina, Brasil, Colombia, México y Guatemala. En otros países como Bolivia, Chile y Venezuela, las exportaciones agropecuarias son poco relevantes.

Las actividades industriales en América Latina

América Latina comenzó tarde las actividades industriales como resultado de una combinación de factores: baja capacidad de compra de la población, carencia de mano de obra con tradición industrial, mercados poco amplios para los productos manufactureros, peso de la tradición agrícola, etc.

Hoy en día, América Latina debería afrontar la segunda fase del proceso de «desplazamiento de la riqueza mundial» definiendo un nuevo modelo económico sustentado en políticas de desarrollo productivo para mejorar la participación en las cadenas globales de valor, propiciar la diversificación económica y fortalecer las exportaciones de alimentos, servicios y turismo.

Las actividades del sector exterior en América Latina

El comercio exterior de los países latinoamericanos se caracteriza por tener una orientación unilateral que conlleva dependencia externa y vulnerabilidad económica y hasta política. Estados Unidos y China son los primeros socios comerciales de la región.

Los problemas inherentes y perspectivas económicas de América Latina

Pobreza, niveles de desempleo que se disparan, inflación descontrolada, deuda insostenible, estos problemas, que sacudieron a muchas economías de América Latina en los años ochenta, siguen resonando hoy en día. Sin embargo, hay una diferencia clave entre aquel entonces y ahora, hoy los países latinoamericanos están mejor preparados que hace cuatro décadas para reaccionar frente a estas conmociones (f. 动摇，震动), debido en gran parte a las enormes mejoras que se han introducido en las políticas económicas y financieras de toda la región.

La aceleración de la digitalización podría ayudar a impulsar sectores como las tecnologías de la información, las finanzas y la logística, que a su vez pueden mejorar la competitividad del mercado y aumentar la eficiencia económica. Sin embargo, si no se abordan los factores estructurales, es probable que el crecimiento débil y lento se mantenga y sea insuficiente para avanzar en la lucha contra la pobreza, y las tensiones sociales.

Rincón cultural

los factores estructurales, 结构性因素。是指拉美经济的结构失衡问题，包括一些国家对出口部门的依赖、现代工业发展不足等问题。这是拉美经济所面临的根源性问题。

Nota bibliográfica

> ➡ 苏振兴. 拉丁美洲的经济发展 [M]. 北京 : 经济管理出版社 , 2000.
> ➡ SPICKER P, ÁLVAREZ L, GORDON D. Pobreza: Un glosario internacional [M].
>   Buenos Aires: Consejo Latinoamericano de Ciencias Sociales-CLACSO, 2009.

Actividades

I. 用西班牙语解释下列词语或短语。

1. la suspensión de pagos
2. Efecto Tequila
3. Consenso de Washington
4. ISI
5. neoliberalismo

II. 将下列国家与有关现象连接起来。

Argentina	El primer país latinoamericano que aplicó la reforma neoliberal
Chile	Efecto Samba
	Efecto Tequila
México	Efecto Tango
Brasil	Implementación de ISI

III. 思考与讨论。

1. 进口替代工业化发展的动因和结果是什么？作为一种经济政策它源于什么样的理论主张？
2. 20世纪90年代拉美进行新自由主义改革的背景是什么？新自由主义改革给拉美带来了哪些负效应？改革结果上为什么存在国别差异？
3. 查阅资料，举例说明拉美经济中的下列问题：失业率高、通货膨胀严重、货币巨幅贬值、债务负担沉重、金融系统动荡。

Lectura complementaria

Subdesarrollo y dependencia: el pensamiento de la CEPAL

A comienzos de la década del cincuenta y en parte como resultado del desencanto que se originó de las visiones lineales del desarrollo, surge con acrecentado vigor el estructuralismo histórico, es decir, lo que se popularizó en esa época como la teoría de la dependencia (依附论). Esta teoría se centraba en la creencia de que los países ricos coexistían con los pobres en un mismo sistema mundial de desarrollo y subdesarrollo. El desarrollo y el subdesarrollo se visualizaban como dos caras de la misma moneda y se consideraba que los países ricos se encontraban al centro de este sistema mundial que les beneficiaba económicamente mientras perpetuaba la condición de pobreza y miseria en los países pobres de la periferia (f. 外围).

La teoría de la dependencia señalaba que la negligencia o la intención deliberada de los países ubicados en el centro del sistema capitalista mundial conducía a la explotación de los países pobres de la periferia, lo que significa una permanente concentración de capital al centro y ausencia del mismo en los países subdesarrollados para dinamizar su desarrollo. Por este motivo se juzga que todos los esfuerzos dedicados por los países de la periferia al desarrollo nacional no son vanos. En resumen, aquellos grupos que controlan la riqueza a nivel nacional e internacional son las élites que también controlan el poder político y, por ende, sus prácticas políticas perpetúan el sistema internacional de desigualdad.

Las relaciones de dependencia en el mercado global se reflejaban en las relaciones de dependencia estructural dentro de los Estados y entre las comunidades. Aunque existen diferencias entre los enfoques de la dependencia, generalmente la pobreza es explicada como un resultado de las circunstancias particulares de la estructura social, el mercado laboral, la condición de explotación de la fuerza de trabajo y la concentración del ingreso.

Para esta teoría se pueden identificar distintas etapas en la historia de América Latina en términos de las relaciones de producción dominantes en las sociedades y la producción de la pobreza. Por ejemplo, las plantaciones y la minería con la semiservidumbre o la esclavitud. Así, la estructura de tenencia de la tierra permite explicar la extensa pobreza rural que caracterizó a algunos países dependientes en los siglos XIX y XX. Al discutir procesos industriales en América Latina, otros análisis se han enfocado en la pobreza como una consecuencia directa del proceso de exclusión del mercado de trabajo urbano. Para otras miradas, la dependencia es definida por medio de la creciente importancia del capital extranjero junto con la acumulación del capital en pocas manos, lo que conduce a un empobrecimiento masivo de la población, debido a la concentración del ingreso.

La teoría de la dependencia llegó a su más alto grado de sofisticación en América Latina debido a que es la creación de latinoamericanos, quienes en su mayoría desempeñaban su labor de investigación en la CEPAL (Comisión Económica para América Latina y el Caribe). El más destacado de ellos tanto como pensador como por su influencia y por su histórico papel como secretario ejecutivo de la CEPAL, es el economista argentino Raúl Prebisch (劳尔·普雷维什).

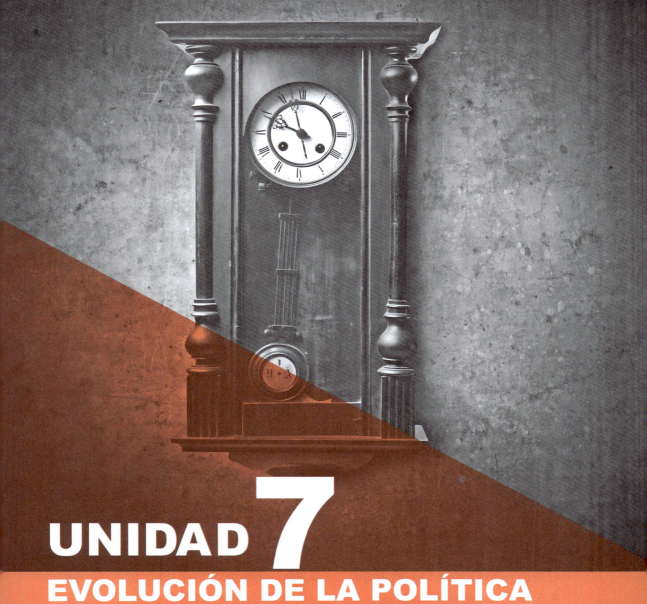

UNIDAD 7

EVOLUCIÓN DE LA POLÍTICA LATINOAMERICANA MODERNA

现代拉丁美洲政治发展进程

导 读

独立后拉美地区的政治制度发展既有与世界现代化进程同步的共性，又兼具着自身的特殊性，呈现出艰难发展的复杂进程。由于经济发展落后、社会严重分化、专制传统深厚，移植和复制自欧美的三权分立资产阶级政治制度在拉美长期"水土不服"，民主宪制表象之下盛行的是"考迪罗"（caudillismo）专制和寡头政治。

20世纪以后的现代化进程推动了拉美国家阶级和社会结构的变革，产业工人、中间市民阶层的队伍开始崛起，新兴的工商业企业主集团力量不断壮大。二战后，拉美政治发展进程中最根本性的变化是国家阶级实质的变化：资产阶级成为拉美社会的主导力量，从而改变了战前寡头势力和外国垄断资本主宰国家政治的局面。社会和阶级结构的变化带来了社会政治力量的多元化，新兴社会力量要求在国家的政治生活中掌握更大的参与权和决策权。拉美多国传统的寡头统治逐渐瓦解，民众对社会公平的追求日益迫切，涌现出一批民众主义领导人，这些人获得了中下层民众的广泛支持。经济和社会阶层的发展变化使政治领域呈现出复杂斗争的样貌。拉美国家政变频发，军人与文人交替执政。

在美苏冷战的大背景下，拉美的意识形态同样呈现两极化。多国左翼力量在古巴革命的鼓舞下开展武装斗争，而军队和极右翼势力则在美国的干涉下发动政变，建立威权政体，实行独裁统治。多国军政府在执政期间镇压异己，侵犯人权，引起民众的强烈不满，最后在经济危机、国际舆论和民众抗议等多重因素的影响下黯然下台。

自20世纪70年代末，"还政于民"的浪潮在拉美掀起，开启了该地区历史上持续时间最长的民主周期，一直延续至今。拉美的民主政治制度获得持续稳步发展，权力分立和制衡机制趋于有效，立法和司法机构的作用和地位得到加强。随着民主政治不断完善，独裁专制统治或威权政治逐渐淡出拉美政治舞台，拉美国家已经形成维护民主制度的广泛共识。

然而，民主转型以来，拉美的政治发展仍然呈现左翼与右翼交替执政的"政治钟摆"（péndulo político）现象。左翼两次掀起"粉色浪潮"，右翼也一度卷土重来。国际观察人士普遍认为，在拉美政坛，二者的博弈还将进行下去。

Textos

Panorama general del escenario político de América Latina moderna

A lo largo del siglo XX, los países de América Latina iniciaron un proceso de transformaciones políticas, sociales y económicas que permitieron, por ejemplo, que en la actualidad la democracia sea el sistema de gobierno que predomina en los países de la región.

La historia de América Latina no puede entenderse sin considerar los sucesos mundiales del siglo XX. Así las guerras mundiales, la Crisis del 1929, la Guerra Fría, entre otros, marcaron los acontecimientos de este lado del mundo.

Luego del proceso de modernización, desarrollado durante la primera mitad del siglo XX, América Latina a partir de 1950 vivió un período de profundas transformaciones sociales y culturales, las que se reflejaron en aspectos como la música o la moda, y también, en las aspiraciones de las personas, quienes se movilizaron masivamente en búsqueda de nuevas perspectivas. Sin embargo, este proceso no estuvo libre de momentos de tensión, los cuales llegaron incluso a la intervención de gobiernos autoritarios (adj. 威权的). En el contexto de la Guerra Fría, y la polarización ideológica que significó, en América Latina se recogieron las ideas y apoyos de uno y otro bloque político. El fin de las democracias oligárquicas, trajo, en algunos casos, la ascendencia de líderes populistas carismáticos que lideraban movimientos de masas multiclasistas, los más famosos fueron Juan Domingo Perón en Argentina, Getúlio Vargas en Brasil y Lázaro Cárdenas en México.

Así, durante las décadas de los años 60, 70 y 80, los países latinoamericanos encontraron respuestas a sus problemáticas considerando las opciones presentadas por el capitalismo liberal, el socialismo o la reforma, que

¿Lo sabías?

01

1929年是什么危机？为什么影响如此巨大？对拉美国家的主要影响是什么？查阅资料，说一说。

Rincón cultural

Populismo，民众主义，又译民粹主义，与精英主义相对而生，强调以民众为社会主体开展各种社会活动和资源分配，缩小人与人之间的差距，达到共同繁荣的目的。"民众主义"在拉美盛行时间较长，在地区政治发展史上具有重要且深远的影响，且迄今仍活跃在拉美国家的政治生活中。

carisma m.，卡里斯玛，指神秘的个人魅力。拉美很多民众主义领袖被认为是具有carisma的政治人物。

¿Lo sabías?

02 **03**

胡安·庇隆（Juan Domingo Perón），1946—1955年、1973—1974年期间三次出任阿根廷总统；热图利奥·瓦加斯（Getúlio Vargas），1930—1945年、1951—1954年两次任巴西总统；拉萨罗·卡德纳斯（Lázaro Cárdenas），1934—1940年任墨西哥总统。上述三人都是拉美著名的政治家，也是民众主义的杰出代表。

mezclaba ambas propuestas. Frente a gobiernos más progresistas (adj. 进步主义的), hubo intervenciones militares, instalando regímenes autoritarios.

Las sociedades modernas, con ciudadanías ampliadas entraron en crisis en América Latina alrededor de la década del 60. La crisis política se dio porque los nuevos sectores sociales buscaban incorporarse al consumo y se encontraban con economías estancadas de bajo crecimiento y con alta inflación. Asimismo, internacionalmente podemos pensar que la Guerra Fría entre Estados Unidos y la Unión Soviética, así como la Revolución cubana de 1959 generaron opciones a la lucha armada dentro de las naciones. Estos factores pusieron presión sobre los gobiernos democráticos y terminaron en muchos casos inaugurando décadas de dictaduras.

Durante la Guerra Fría, se eligieron una serie de gobiernos de izquierda en América Latina. Estos gobiernos enfrentaron golpes de estado patrocinados por el gobierno de Estados Unidos como parte de su interés geoestratégico en la región. Entre estos se encontraban el Golpe de Estado en Guatemala de 1954, el Golpe de Estado en Brasil de 1964, el Golpe de Estado en Chile de 1973 y el Golpe de Estado en Argentina de 1976. Todos estos golpes fueron seguidos por dictaduras militares de derecha respaldadas y patrocinadas por Estados Unidos.

Las dictaduras de los 60 y los 70 asumen en medio entonces de crisis económicas e implementan, altos grados de represión política y social. Estos regímenes autoritarios cometieron diversas violaciones de derechos humanos, entre ellas detenciones ilegales de opositores políticos, sospechosos de serlo y/o sus familiares, torturas, violaciones, desapariciones y trata (f. 贩卖) de niños. Dejaron muertos, desaparecidos y exiliados. Pero no todos llevaron adelante las mismas estrategias económicas. Algunos ahondaron los procesos de industrialización y estatismo (m. 国家主义) como la junta

04 ¿Lo sabías?

在拉美的发展进程中，美国的种种干涉行径随处可见。这一时期，美国支持了拉美若干国家的军事政变和独裁统治。查找资料，回顾一下这段霸权主义的历史。

militar en Brasil. Otros redujeron el estado y realizaron profundas reformas pro mercado, como Augusto Pinochet en Chile.

A medida que estos regímenes comenzaron a declinar debido a la presión internacional y el clamor (m. 呼声) interno de la población en Estados Unidos en contra de las atrocidades (f. 暴行) obligó a Washington a renunciar a su apoyo. Las movilizaciones de la sociedad civil permitieron la recuperación de la democracia, proceso en el que se ha avanzado a fines de la década de 1970 hasta principios de la década de 1990.

Dictaduras en América Latina

La polarización política que vivía América Latina en las décadas del 60 y 70, llevó a importantes tensiones. Ante la proliferación de proyectos revolucionarios y grupos armados de izquierda, los militares, que ya en los años 30 habían comenzado a intervenir en política, lo hicieron nuevamente: en algunos casos apoyando a gobiernos civiles, y en otros tomando el poder por la fuerza instalando gobiernos de facto.

Estos procesos se vieron favorecidos por la política estadounidense de la seguridad nacional, que se basa en la idea de que en un país existen enemigos internos, es decir, personas que se consideran peligrosas para el orden interno y que deben eliminarse. Así, los propios ciudadanos de un país, principalmente aquellos que defendían ideas de izquierda, pasaban a constituirse en una amenaza para la seguridad del Estado y, por tanto, eran perseguidos a través de políticas estatales que incluían la tortura o la muerte de dichas personas.

En las décadas del 60 y 70, una oleada de gobiernos militares se impuso en América Latina. Tanto fue así que entre los años 60 y 90 los únicos estados latinoamericanos que estuvieron regidos por gobiernos civiles fueron Costa Rica, México, Venezuela y Colombia.

Retorno a la democracia

La recuperación de los sistemas democráticos se debió en gran parte a la lucha de la sociedad civil, la que fue reorganizándose para manifestar su descontento ante los gobiernos militares. En este proceso, influyeron distintos factores:

La crisis económica de los años 80 se sumó al costo social de las medidas de ajuste económico implementadas por los regímenes militares. Las consecuencias de estas fueron el desempleo, el aumento de la pobreza y la pérdida de beneficios sociales. Todo lo anterior, generó un profundo malestar social, que se canalizó también en un malestar con la situación política, permitiendo la organización de fuerzas de oposición a los regímenes militares.

Al mismo tiempo, distintos organismos internacionales empezaron a ejercer presión sobre los gobiernos militares para que retornara la democracia a los países de América Latina.

También, fue muy importante la participación de la Iglesia, organizaciones de familiares de víctimas de la represión y los dirigentes políticos y sindicales, quienes jugaron un rol activo en la defensa de los derechos humanos y en la recuperación de la normalidad institucional.

De esta forma, a partir de los 80, los gobiernos militares comenzaron a dar paso a gobiernos de tipo democrático. Las transiciones a la democracia en América del Sur estuvieron marcadas por la reinstalación de los parlamentos y los partidos políticos, por el restablecimiento de los derechos y libertades suprimidas y por la realización de elecciones periódicas y libres.

Marea Rosa de América Latina (粉红浪潮)

A veces también se define «vuelta hacia la izquierda» (向左转) u «ola socialdemócrata» (adj. 社会民主主义的). «Marea Roja» es un término utilizado en los análisis

06 **Rincón cultural**

在这些寻找失踪亲人、抗议人权暴行的组织中最著名的是阿根廷"五月广场的母亲"。从1977年起每星期四下午，失去孩子的母亲们都会在阿根廷总统府的五月广场（Plaza de Mayo）前举着亲人的照片和横幅，举行抗议仪式。

políticos en el siglo XXI para describir la percepción de que la ideología socialdemócrata y progresista en general, y la izquierda política en particular, ganan mayor fuerza en América Latina.

En el año 2005, de los 350 millones de sudamericanos, tres cuartas partes vivían en países con «presidentes que se inclinan por la izquierda, elegidos durante los seis años precedentes. Un elemento común de la "Marea Rosa" es la clara ruptura con el Consenso de Washington de comienzos de la década de 1990, la mezcla de mercados abiertos y privatizaciones impulsada por Estados Unidos». Se ha referido a los países iberoamericanos pertenecientes a esta tendencia ideológica como «naciones de la Marea Rosa».

El término «Marea Rosa» ha sido usado prominentemente en discusiones contemporáneas sobre política iberoamericana. El término parece ser un juego de palabras basado en reemplazar el rojo —color asociado al comunismo— en «Marea Roja» por el tono más suave «rosa», para indicar el aumento de fuerzas de ideas socialistas más moderadas.

En la década de 1990, la izquierda solidificó su base con postularse para cargos locales y ganar experiencia en el gobierno a nivel local. A fines de la década de 1990 y principios de la de 2000, los intentos iniciales fallidos de la región con las políticas liberales de privatización, recortes en el gasto social y la inversión extranjera dejaron países con altos niveles de desempleo, inflación y creciente desigualdad. Este período vio un número creciente de personas que trabajaban en la economía informal y sufrieron inseguridad material, y los lazos entre las clases trabajadoras y los partidos políticos tradicionales se debilitaron, lo que resultó en un crecimiento de la protesta masiva contra los efectos sociales negativos de estas políticas. Las plataformas sociales de la izquierda, que se centraban en el cambio económico y las políticas redistributivas, ofrecieron una alternativa atractiva que movilizó a grandes sectores de la población de la región que votaron a los líderes izquierdistas en el cargo.

A la Marea Rosa siguió la ola conservadora, fenómeno político que surgió a principios de la década de 2010 como reacción directa a la etapa anterior debido al golpe de Estado en Honduras y crisis política en Paraguay, de la misma manera el inicio de la crisis en Venezuela, las protestas en Nicaragua y la renuncia de Evo Morales. Años después, se produjo un resurgimiento de la Marea Rosa con los cambios producidos en 2018 en México y en 2019 en Argentina, ampliado en 2020 en Bolivia, en 2021 en Perú, Honduras, Chile y en 2022 en Colombia y Brasil.

Algunos autores han propuesto que no se trata de un único fenómeno, sino que hay más de una Marea Rosa, con la primera de ellas entre finales de los 90 y principios de los 2000, y una segunda Marea Rosa que abarca las elecciones que tuvieron lugar desde finales de 2019 en adelante.

Foro de São Paulo

Tras la caída del Muro de Berlín y la posterior disolución de la Unión Soviética, las fuerzas de izquierda en América Latina empezaron a analizar las consecuencias y el impacto que tenían dichos acontecimientos para el futuro resultando en la fundación del Foro de São Paulo en 1990 por parte del Partido de los Trabajadores de Brasil (巴西劳工党), siendo auspiciado por el régimen de Cuba.

La elección de Hugo Chávez en Venezuela representó la llegada de un representante de izquierda a la presidencia de un país latinoamericano siendo además el primer gobierno de un partido miembro del Foro de São Paulo. Esta elección marcaría el inicio de la denominada Marea Rosa que se secundaría con las elecciones de Luiz Inácio Lula da Silva en Brasil, Néstor Kirchner en Argentina, Tabaré Vázquez en Uruguay, Evo Morales en Bolivia, Michelle Bachelet en Chile, Rafael Correa en Ecuador y Daniel Ortega en Nicaragua.

07 **¿Lo sabías?**
查找资料，认识一下这些拉美领导人及其政策主张。

Nota bibliográfica

➡ 徐世澄, 袁东振. 拉丁美洲政治 [M]. 北京: 中国社会科学出版社, 2023.

➡ 威亚尔达, 克莱恩. 拉丁美洲的政治与发展 [M]. 刘捷, 李宇娴, 译. 上海: 上海译文出版社, 2017.

➡ RODRÍGUEZ TOLEDO C. América Latina en la segunda mitad del siglo XX [M]. Santiago de Chile: Ministerio de Educación, 2013.

Actividades

I. 用西班牙语解释下列历史事件或进程。

1. retorno a la democracia
2. Guerra Fría
3. Foro de São Paulo
4. dictaduras militares
5 Marea Rosa

II. 把词汇与其释义连线，结合拉美历史进程理解这些词汇的含义。

subdesarrollo	Se refiere a las actividades relacionadas con la agricultura y la ganadería.
desarrollismo	Territorio agrario de gran extensión que pertenece a un solo dueño.
latifundio	Situación en las que se encuentran amplias áreas económicas del mundo, caracterizadas por su pobreza y atraso relativo y por su marginación y papel subordinado dentro del sistema económico mundial.
oligarquía	Se refiere a la búsqueda del crecimiento económico de un país sobre la base de una gran intervención e inversión estatal.
agropecuario	Significa gobierno de pocos. El término se utiliza para denominar a la pequeña clase dirigente en un país.

III. 思考与讨论。

1. 简述二战后拉美的政治发展进程，说说一些重大转变的内外原因。
2. 20世纪80年代拉美在政治上回归了民主进程，经济上却陷入了"失去的十年"，阅读文献，尝试讨论为什么会这样？
3. 下图是阿根廷五月广场的某个场景。观察图片中的标语，它反映了拉美的哪个问题？其中的"¿Dónde están?"是什么意思？

Lectura complementaria

Medidas tomadas por los gobiernos democráticos frente a la violación de los derechos humanos

Las políticas represivas implementadas por los gobiernos militares latinoamericanos, dejaron un importante número de víctimas, entre ejecutados, detenidos, desaparecidos y torturados. Por ello, los gobiernos democráticos debieron hacerse cargo de la problemática de los derechos humanos (DD. HH.), tomando medidas que permitieran encontrar la verdad sobre los hechos ocurridos durante los gobiernos militares, y así poder hacer justicia.

EVOLUCIÓN DE LA POLÍTICA LATINOAMERICANA MODERNA 87

Durante el gobierno de Raúl Alfonsín, en Argentina, se formó la Comisión Nacional sobre Desaparición de Personas (CONADEP), que elaboró el Informe «Nunca Más», donde se documentaron miles de violaciones a los DD. HH.; entre ellas, cerca de 9000 desaparecidos, además de un significativo número de niños que habían sido apartados de sus familias y dados en adopción de manera irregular.

Si bien en 1985 se juzgó y condenó a los responsables de estas acciones, incluyendo a miembros de la Junta Militar, el gobierno de Carlos Menem aprobó una amnistía que dejó en libertad a los inculpados. En la actualidad se han reabierto muchos de estos casos, pues algunos jueces argentinos han declarado ilegal la medida adoptada por el gobierno de Menem.

En Chile también se optó por investigar las violaciones a los DD. HH. ocurridas durante el régimen militar, por lo que durante el gobierno de Patricio Aylwin, se creó la Comisión Nacional de Verdad y Reconciliación, que elaboró el Informe Rettig; este informe calificó más de 2000 casos de personas muertas como consecuencia de la violencia política. Posteriormente, en 2003, se creó la Comisión Nacional de Prisión Política y Tortura (Comisión Valech), cuyo informe se entregó en 2004.

En Uruguay, el gobierno de Sanguinetti, con el respaldo de los partidos políticos, optó por aprobar una ley que dejaba sin investigación las violaciones a los DD. HH. ocurridas entre 1973 y 1985.

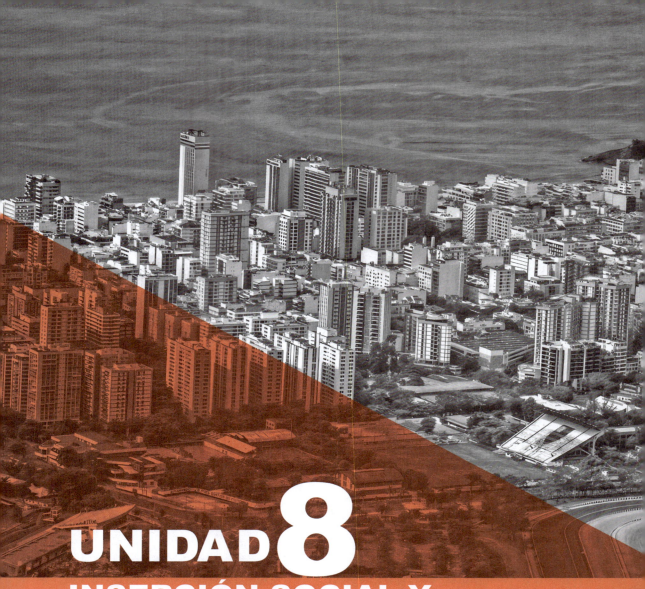

UNIDAD 8

INSERCIÓN SOCIAL Y PROCESO DE URBANIZACIÓN

社会融入和城市化进程

导 读

　　贫富差距是拉美的历史遗留问题，也是拉美社会矛盾的主要催化剂。经过了独立后200多年的发展，在工业化、城市化和现代化进程的推动下，在新世纪政府减贫政策和社会保障政策的大力支持下，拉美社会结构发生了深刻变化。贫富严重分化的现象得到缓解，中产阶层增加，社会结构形态向良性方向变化。但是，世界银行的报告认为，由于拉美的中产阶层非常脆弱，社会结构随时可能重返"金字塔"型，拉美并没有真正进入中产社会。与此同时，拉美地区仍有超过三分之一的人口处于贫困之中，面临严重的贫困、失业和教育缺失问题。印第安土著群体自独立以来，一直处于社会的最底层，直到今天这种状况仍未得到根本的改变。拉美仍是当今世界上最不平等的地区之一，因族群、性别、地域等因素导致的不平等现象屡见不鲜。非正规就业和性别歧视问题仍是当下困扰拉美劳动力市场的重要难题。

　　拉美国家的城市化水平位居发展中国家之首。20世纪上半叶，伴随经济的发展，拉美社会发生了重大的变化。"技术现代化"过程中，大批农业雇工丧失工作岗位，工业部门的建立使越来越多的农村人口涌入城市，产业工人数量快速增长。两次世界大战以及20世纪30年代的西班牙内战再次给拉美带来一批欧洲移民。20世纪50—70年代适逢拉美"人口爆炸"期，人口自然增长率达到年均2.6%，进一步加剧了人口从农村向城市的转移浪潮。移民和国内人口迁徙导致了较高的城市增长率，到20世纪50年代，阿根廷、智利、古巴、乌拉圭和委内瑞拉的城市人口已达到50%以上。今天，有80%的拉美人口生活在城市中。墨西哥城、里约热内卢、布宜诺斯艾利斯都是世界级的超大城市。

　　农村人口大规模向城市迁移，在提升城市生产力的同时，也造成城市规模畸形发展。无序和过度的拉美城市化导致地区间资源分配和发展水平严重不均。如何更好地规划城市发展，完善基础设施建设，应对过度城市化带来的负面影响，提升城市化的质量，始终是拉美各国进一步推动社会融入的关键。

Textos

América Latina: la región más desigual del mundo

Se trata de la región del mundo que registra mayor desigualdad de ingresos en el informe sobre desarrollo humano 2019 del Programa de las Naciones Unidas para el Desarrollo (PNUD).

El 10 % más rico en América Latina concentra una porción de los ingresos mayor que en cualquier otra región (37 %), indicó el informe. Y viceversa: el 40 % más pobre recibe la menor parte (13 %). Esta brecha supera incluso la de África subsahariana y muchos la señalan como una de las explicaciones detrás de la ola de protestas que recorrió países latinoamericanos recientemente.

Pese a sus avances económicos y sociales de los primeros años de este siglo, América Latina aún es «la región más desigual del planeta», ha advertido en distintas ocasiones la Comisión Económica para América Latina y el Caribe (CEPAL).

La gran disparidad latinoamericana también alcanza al color de piel o la etnia: los afrodescendientes (m., f. 非洲后裔) o indígenas tienen más posibilidades de ser pobres y menos de concluir la escuela o lograr un trabajo formal que los blancos. Las varias dimensiones de la desigualdad en la región —ingresos, género, pertenencia geográfica o étnico-racial—, se relacionan y potencian entre sí, y afectan drásticamente las oportunidades en el acceso a servicios y el ejercicio de los derechos sociales como educación, salud o a la protección social de la clase 01 vulnerable.

Desigualdad de ingresos y redistribución

La desigualdad de ingresos puede tener un impacto

Nota lingüística

01　clase vulnerable，指经济贫困阶层，类似的说法还有capa carente de recursos financieros，西班牙语在正式的文件或报告中通常不直接使用pobre这样的词汇，而是采用上述更为规范和委婉的表达。

negativo en el crecimiento económico y generar agitaciones sociales debido a las disparidades en el acceso a oportunidades económicas y servicios básicos, como la educación y la atención médica. Aunque la evidencia reciente muestra que la redistribución de ingresos ha mejorado en la región desde 1990, algunos países de América Latina y el Caribe (ALC) se encuentran entre los más desiguales del mundo, tanto en términos de ingresos como de acceso a servicios.

En los países de ALC para los que hay datos disponibles, la desigualdad de ingresos fue menor en los últimos años en comparación con 2000. Sin embargo, la desigualdad de ingresos es mayor en todos los países de ALC que en los cinco países más desiguales de la Organización para la Cooperación y el Desarrollo Económicos (OCDE), que tienen un promedio de Gini de 0.38.

Los gobiernos pueden reducir la desigualdad de ingresos aplicando una política fiscal progresiva, luchando contra la captura de beneficios por parte de grupos de interés y redistribuyendo el ingreso a través de transferencias a los hogares más pobres. En los países de ALC con datos disponibles, existen divergencias con respecto al papel del gobierno en la reducción de las desigualdades.

Aunque no es comparable, la evidencia reciente de un conjunto más amplio de países de ALC ha demostrado que los gobiernos de la región desempeñan un papel mucho más pequeño en la reducción de las desigualdades que los de la OCDE. Además, los grupos vulnerables en ALC enfrentan el riesgo de volver a caer en la pobreza con un deterioro de las condiciones económicas.

Pobreza en Latinoamérica y las causas

La mayoría de las personas que viven por debajo del umbral de pobreza viven en Asia meridional y África

¿Lo sabías?

OCDE，Organización para la Cooperación y el Desarrollo Económicos (OECD; en inglés)，中文全称为经济合作与发展组织，简称"经合组织"，是全球38个市场经济国家组成的政府间国际组织，总部设在法国巴黎。西班牙是其创始成员国之一。目前拉美成员国有：墨西哥、智利、哥伦比亚和哥斯达黎加；阿根廷、巴西、秘鲁在申请中。

¿Lo sabías?

Gini 基尼系数，是判断年收入分配公平程度的指标。在民众收入中，基尼系数最大为"1"，最小为"0"。基尼系数的实际数值介于0～1之间。基尼系数越小，年收入分配越平均；基尼系数越大，年收入分配越不平均。

¿Lo sabías?

umbral de pobreza 指贫困线，西语准确表达为 línea de pobreza internacional（国际贫困标准）。世界常用贫困标准有若干类，较为常用且易于比较的是世界银行提出的人均每天2美元的贫困线。这一标准在2022年被上调至2.15美元。

subsahariana. Sin embargo, la pobreza en Latinoamérica también se mide en cifras muy elevadas.

En la actualidad, 184 millones de personas en Latinoamérica viven en situación de pobreza y 62 millones en situación de pobreza extrema. Son datos del Informe anual «Panorama Social de América Latina 2018» elaborado por la CEPAL. Esto quiere decir que el 30.2 % de los latinoamericanos/as son pobres, y el 10.2 %, pobres extremos. Esto supone que una parte importante de su población no dispone de los recursos necesarios ni siquiera para satisfacer su alimentación.

Favela (asentamientos precarios o informales) de Río de Janeiro, Brasil

Las causas de la pobreza en Latinoamérica son múltiples. Entre ellas:

El cambio climático:

Un factor relacionado con la pobreza es el cambio climático. Las sequías prolongadas, las lluvias intensas, la degradación medioambiental y otros fenómenos meteorológicos extremos afectan a la agricultura, la ganadería y la pesca. El rendimiento de los principales cultivos alimentarios, como el maíz y el trigo están disminuyendo debido a los fenómenos extremos, las epidemias de enfermedades en las plantas y la escasez de agua. La población rural que subsiste de la producción de alimentos está sufriendo serias crisis alimentarias.

Los conflictos armados:

No olvidemos tampoco como causa de la pobreza los conflictos armados. Las tasas de pobreza son alarmantes en muchos países afectados por las guerras. A todas estas causas habría que sumar otras como las crisis económicas o la falta de políticas públicas de fomento del empleo y protección social.

Los modelos comerciales:

El actual modelo comercial de muchas empresas multinacionales que utilizan mano de obra barata para lograr aumentar sus beneficios económicos. Algunos economistas también señalan que las migraciones masivas están impactando en el mercado laboral de algunos países y que están incidiendo en la pobreza.

Mejorando la inclusión social (社会融入) en América Latina: lucha contra la pobreza y desigualdad

Desde principios de siglo XXI, las tasas de crecimiento económico sostenido, que se apoyan en una transición demográfica, pero también en la integración regional en las esferas del comercio y la inversión, el cambio tecnológico, los avances en educación, la expansión de los programas de protección social. Mientras tanto, el aumento de la urbanización han transformado el panorama y las perspectivas de la región. Entre 2000 y 2015, las tasas de pobreza en América Latina se redujeron a la mitad, sacando de la pobreza a más de 83 millones de latinoamericanos. Al tiempo que ha aumentado la renta de los hogares —sobre todo de las familias pobres— y ha disminuido la desigualdad, la clase media de la región pasó de uno de cada cinco latinoamericanos en 2000 a más de uno de cada tres en 2015.

Sin embargo, la desigualdad en materia de ingresos y de oportunidades continúa siendo alta y constituye un obstáculo para el crecimiento y el desarrollo de la región, con tendencias políticas divisorias. El coeficiente de Gini promedio de la región pasó de 0.51 a principios de los 1990 a 0.42 en el 2015, mientras que la pobreza relativa (i.e., hogares con ingresos menores a la mediana) solo bajó 4 puntos porcentuales entre el 2000 y el 2014. Las desigualdades persisten más allá de los ingresos y abarcan los servicios públicos básicos, como la calidad de los servicios de salud y educación y la participación política. Asimismo, la desigualdad de ingresos y de oportunidades contribuye a crear diferencias en el acceso a la justicia y a las estructuras de gobierno, entorpeciendo (tr. 阻碍) la cohesión social y obstaculizando las reformas estructurales. Las transferencias monetarias condicionadas (有条件现金转移支付，是一种流行的社会福利计划，它以对儿童的人力资本投资为条件，向家庭付款。) (CCT por sus siglas en inglés) fueron un buen punto de partida para la lucha contra la pobreza extrema, la mejora en salud de los niños y el incremento en tasas de escolaridad en la región. No obstante, ahora es necesario complementarlas con programas adicionales que empoderen a las mujeres y generen una inclusión productiva que rompa el círculo intergeneracional de transmisión de pobreza y resulte en una disminución de la desigualdad.

Hoy, una gran parte de los hogares de clase media no tiene acceso a programas de seguridad social contributivos. Pese a que el gasto público social como proporción de gastos en el PIB ha aumentado (actualmente es del 8.6 %), la región todavía está muy por detrás del promedio de la OCDE (21 %) y el progreso no ha sido el mismo en todos los países, lo que deja a gran parte de la clase media expuesta a las crisis económicas y al riesgo de volver a caer en la pobreza. Es necesario abordar y diseñar los sistemas de protección social desde la perspectiva

05 **Nota lingüística**

cohesión social，是 inclusión social 的另一种 说法，表示"社会融合，社会团结"，意指弥合社会各阶层间的差距。

exhaustiva del «ciclo de vida», que va desde la educación básica y las competencias, hasta el trabajo y los ahorros, tomando siempre en consideración las características socioeconómicas de los diferentes actores y grupos poblacionales.

El contexto latinoamericano tiene una serie de características estructurales específicas que configuran los retos de la inclusión social y la desigualdad en la región. Primero, si bien en las economías de la OCDE los impuestos y los sistemas de transferencias contribuyen enormemente a reducir la desigualdad, en la mayor parte de las economías de América Latina dicha reducción es de menos de 3 puntos porcentuales. Segundo, los trabajos informales afectan a la mitad de los trabajadores latinoamericanos, atrapando de manera particular a los jóvenes, mujeres y trabajadores no especializados y repercutiendo de forma adversa en la equidad y la productividad de la economía. La interacción entre la informalidad y los sistemas de protección social contributivos genera un círculo vicioso: la mayoría de los trabajadores del sector informal contribuyen de forma irregular (si es que lo hacen) debilitando así los sistemas que, posteriormente, les prestarán un apoyo insuficiente cuando lo necesiten. Por último, aunque el avance ha sido notable, la brecha de género sigue siendo muy significativa; por ejemplo, el 76 % de los ninis son mujeres que siguen cargando con labores domésticas no remuneradas (adj. 获得报酬的).

Nota lingüística

nini m., f. ni estudiar ni trabajar, se emplea para referirse a jóvenes desempleados que no están recibiendo educación ni formación profesional.

América Latina es la región más urbanizada del mundo en desarrollo

Durante las últimas décadas América Latina ha experimentado un acelerado proceso de urbanización. Hoy en día, alrededor del 80 % de los latinoamericanos viven en zonas urbanas. En Asia el porcentaje es solo del 50 %, mientras que en África escasamente llega al 40 %.

Esto hace de Latinoamérica la región más urbanizada del mundo en desarrollo. Y por tanto, también donde los desafíos de un mundo cada vez más urbano se hacen, si cabe, más apremiantes (adj. 急迫的，紧急的).

Por lo general, el crecimiento de las ciudades es positivo y viene asociado al proceso de desarrollo económico. Las ciudades grandes ofrecen multitud de oportunidades de empleo, educación y servicios. De igual forma, el trabajo en las ciudades grandes es en muchas ocasiones mucho más productivo que en las zonas rurales; en promedio, se espera que la productividad media de una ciudad aumente un 5 % cada vez que dobla su población. Esto hace que las ciudades grandes atraigan cada vez más habitantes. Como ejemplo, en América Latina la proporción de la población total que vive en ciudades de más de un millón de habitantes supera ya el 40 %.

Como es evidente, el crecimiento de las ciudades no está libre de problemas. Y en ese sentido, la forma de dicho crecimiento es importante. La gran mayoría de los países latinoamericanos presentan un patrón fuertemente sesgado (adj. 斜放的，倾斜的) hacia una o dos ciudades principales; un porcentaje elevado de la población urbana se concentra en una o pocas ciudades de gran tamaño (lo que se conoce como concentración urbana). Por ejemplo, mientras que a nivel mundial el peso relativo de la ciudad principal de un país ronda el 16 % de la población urbana del mismo, en América Latina este porcentaje se eleva de media al 22 %. En otras palabras, comparadas con las demás ciudades de su país, la ciudad principal de cada país latinoamericano (usualmente la capital, pero no necesariamente) presenta un tamaño desproporcionado. Según datos del Banco Mundial, varias de estas ciudades exceden ya los 20 millones de habitantes como Ciudad de México, São Pablo, Río de Janeiro y Buenos Aires, y se encuentran entre las más pobladas del mundo. Y como cabe esperar, esta concentración poblacional va acompañada desde luego de una concentración de la

Ciudad de México, México

actividad económica; las ciudades más pobladas de América Latina son también los principales polos económicos de la región, de los cuales dependen las ciudades más pequeñas y las zonas rurales.

¿Qué puede explicar estos tamaños desproporcionados de las ciudades principales de América Latina? Parte de la respuesta yace, no en las ciudades mismas, sino en las zonas más rurales. Las oportunidades menguantes (adj. 减少的) en el campo, los desastres naturales recurrentes, la falta de infraestructuras, el abandono de las instituciones y la violencia, han contribuido, entre otros factores, a la urbanización acelerada de la región. Así, las ciudades principales han sido el destino de millones de personas forzadas, de una u otra forma, a abandonar el campo y pueblo o ciudades pequeñas.

¿Y cuál ha sido la consecuencia de este fenómeno? En la mayoría de los casos, una urbanización poco planificada, desordenada, y con grandes deficiencias en infraestructura, cohesión social y desarrollo institucional. Deficiencias que se traducen en serios y apremiantes problemas de congestión, desigualdad, pobreza, segregación, violencia y degradación medioambiental, por mencionar los principales, que no desaparecerán por sí solos y que requieren una respuesta decidida por parte de los gobiernos locales y nacionales de la región.

Nota bibliográfica

➡ 郑秉文. 拉丁美洲城市化：经验与教训 [M]. 北京：当代世界出版社, 2011.

➡ 刘易斯. 桑切斯的孩子们：一个墨西哥家庭的自传 [M]. 李雪顺, 译. 上海：上海译文出版社, 2014.

➡ MALDONADO VALERA C, MARINHO M L, ROBLES C. Inclusión y cohesión social en el marco de la Agenda 2030 para el Desarrollo Sostenible: claves para un desarrollo social inclusivo en América Latina [R]. Santiago de Chile: Naciones Unidas, 2020.

Actividades

I. 用西班牙语解释下列表达。

1. redistribución de ingreso
2. equidad de género
3. discriminación laboral
4. clase vulnerable
5. inclusión social
6. umbral de pobreza

II. 将下列国家与它的首都连接起来，并指出哪些是超大城市。

Argentina	Ciudad de México
Paraguay	Bogotá
Perú	Caracas
Chile	Buenos Aires
Ecuador	Lima
México	Santiago
Bolivia	Montevideo
Brasil	Brasilia
Uruguay	Quito
Colombia	Asunción
Venezuela	La Paz

III. 思考与讨论。

1. 结合课文，谈谈如何理解拉美的"社会融合"？
2. 从收入分配不公的角度谈谈政府应该通过哪些措施保护弱势群体享有图中这些权利？

Derechos económicos, sociales y culturales

Lectura complementaria

¿Cómo es el mercado laboral para las mujeres en
América Latina y el Caribe?

Las mujeres enfrentan grandes brechas y tienen una escasa participación en el mercado de trabajo. La participación laboral de las mujeres en América Latina y el Caribe es baja y la brecha de género en este ámbito en la región es una de las más altas del mundo. Si bien en los últimos 50 años se observaron importantes avances (la tasa de participación femenina pasó de alrededor del 20 % en la década de 1960 a más del 60 % a inicios de la década de 2010), el ritmo de crecimiento se desaceleró a partir de los años 2000 y la tasa continúa estando muy por debajo de la tasa de participación de los hombres, que supera el 80 %.

Existe una gran heterogeneidad en los niveles de participación femenina: más no significa mejor. Incluso entre las propias mujeres, el panorama dista mucho de ser homogéneo y todavía existen grandes diferencias entre países. México y Perú ejemplifican muy bien esto. Si bien ambos países tienen características similares en varias dimensiones asociadas al comportamiento laboral de las mujeres, en México participan en el mercado de trabajo 6 de cada 10 mujeres, mientras que en Perú la cifra llega a 8. Parte de la diferencia se explica por la calidad de la inserción laboral, en especial en áreas rurales: es más probable que las mujeres peruanas obtengan empleos precarios (por cuenta propia, no remunerados, informales o con dedicación a tiempo parcial). Las situaciones que se observan en Perú y México se repiten en mayor o menor medida en varios países de América Latina. Por ello, el principio común es que tanto la cantidad como la calidad del empleo son relevantes.

¿Qué factores determinan la participación de las mujeres en el mercado laboral?

Las normas de género suelen ser relevantes. Un factor clave tiene que ver con la expectativa cultural sobre el papel de las mujeres como principales cuidadoras. Las mujeres latinoamericanas y caribeñas dedican más del doble de horas que los hombres a responsabilidades domésticas y de cuidado no remuneradas (38 frente a 16 horas semanales, respectivamente). Esta brecha se intensifica en hogares con niños menores de 5 años, en cuyo caso llega a haber una diferencia de 33 horas semanales de trabajo no remunerado entre hombres y mujeres. La maternidad penaliza: la brecha de participación en el mercado laboral se dispara a 40 puntos porcentuales cuando se trata de hombres y mujeres con hijos menores de 5 años. En contraste, la brecha es menor (24 puntos porcentuales) entre aquellos hombres y mujeres con hijos mayores de 18 años. La evidencia muestra que aquellas intervenciones que facilitan el acceso a guarderías pueden aumentar la participación laboral de las mujeres. Así, la implementación de un programa público de cuidado infantil dirigido a familias pobres de Nicaragua logró un incremento de 14 puntos porcentuales en la probabilidad de la que la madre trabaje.

Ser las principales proveedoras de cuidados en el hogar lleva a que las mujeres valoren mucho la flexibilidad de sus horarios de trabajo, aunque es un bien de lujo. Un estudio experimental realizado en Bogotá permitió conocer la disposición a pagar de las mujeres por dicha flexibilidad. Los resultados muestran que las mujeres están dispuestas a obtener un menor ingreso mensual a cambio de un contrato a tiempo parcial o a tiempo completo con flexibilidad. Sin embargo, la demanda de un horario de trabajo flexible parece estar impulsada más por factores que influyen en la capacidad de «pagar» un trabajo flexible, lo que implica que la flexibilidad es un bien de lujo, accesible solo para aquellas mujeres con mayor ingreso familiar y mayor nivel educativo. Por el contrario, la demanda de empleo a tiempo parcial está vinculada a las limitaciones en los horarios de las solicitantes de empleo. Los resultados del experimento sugieren que las políticas que buscan mejorar la flexibilidad en los países en desarrollo podrían incrementar la participación femenina en la fuerza laboral. Sin embargo, su impacto en el aumento de dicha participación puede ser limitado en el caso de los hogares de menores ingresos.

La protección social tiene un impacto desigual. Los programas de protección social pueden influir en la participación laboral de las mujeres. La percepción de un ingreso no laboral podría desalentar la participación femenina en el mercado de trabajo y, cuando se trata de transferencias condicionadas, el tiempo necesario para cumplir con las condiciones podría actuar en la misma dirección. La evidencia para América Latina y el Caribe no es concluyente sobre este punto. Por ejemplo, en Bolivia la implementación de un programa de transferencias de amplia cobertura, no focalizado en familias de determinado estatus socioeconómico y condicional a la asistencia escolar de niños, aumentó la participación laboral y el empleo de las madres en 9 puntos porcentuales, así como las horas de trabajo entre aquellas que estaban empleadas. En Ecuador, en cambio, un programa de transferencias monetarias no condicionadas y focalizadas en hogares pobres no generó cambios de mediano plazo en la probabilidad de trabajar de las mujeres.

La tasa de participación laboral de las mujeres es anticíclica. Detrás de la participación laboral femenina también cumple un papel el ciclo económico. Pese a estar positivamente asociada al crecimiento económico a largo plazo, la tasa de participación laboral de las mujeres en la región se comporta de forma anticíclica.

Las expansiones de corto plazo del producto interno bruto (PIB) de los países de la región están asociadas a reducciones de la tasa de participación laboral femenina. Así, las mejores condiciones económicas de los trabajadores principales del hogar (que suelen ser los hombres) lleva a que los trabajadores secundarios, las mujeres, demoren su ingreso en el mercado, mecanismo que cobra particular fuerza entre las mujeres casadas, con poca escolarización, que viven en hogares de bajos niveles de ingreso.

La crisis del COVID-19 afecta la participación laboral femenina. La crisis actual desatada por la pandemia del COVID-19 está impactando fuertemente en los hogares de la región e influye en la decisión de participación laboral de las mujeres. La evidencia para la región muestra que, entre las mujeres, es más probable que al menos un adulto de su hogar haya perdido su fuente de ingresos. Esto puede tener importantes implicancias en las decisiones intrafamiliares para lidiar con la crisis. De hecho, las mujeres latinoamericanas están dedicando una fracción de tiempo sustancialmente mayor a las tareas no remuneradas en comparación con los hombres durante el confinamiento. La distribución de las tareas en el hogar podría estar empeorando durante esta crisis y esto podría impactar en las decisiones laborales de las mujeres.

Los procesos migratorios también influyen. La llegada de inmigrantes también puede afectar la entrada de mujeres en el mercado laboral o el número de horas que trabajan. La evidencia existente para la República Dominicana muestra que la llegada de inmigrantes haitianas de bajo nivel educativo redujo las horas de trabajo de mujeres dominicanas de baja educación, y aumentó las horas de trabajo de las mujeres dominicanas de alto nivel de estudios con niños, quienes pudieron contratar servicio doméstico ahora más barato (inmigrantes) y aumentar su oferta laboral.

UNIDAD 9

PROCESO DE INTEGRACIÓN DE AMÉRICA LATINA

拉丁美洲的一体化进程

导 读

　　拉丁美洲的一体化思想可以追溯到玻利瓦尔和他领导的"大哥伦比亚共和国"。进入现代以来，拉美是世界上最早建立区域一体化组织的地区。20世纪50年代起，拉美国家间的一体化组织不断涌现，中美洲共同市场（MCCA）、拉丁美洲自由贸易协会（ALALC）、安第斯集团（GA）……无论规模大小，50至80年代，一体化组织蓬勃兴起。它们的主要宗旨是促进贸易交流和经济合作，作为最初的尝试，往往结构较为松散，有些成立不久即告终止，未形成真正意义上的地区一体化格局。

　　20世纪90年代后，在全球化的大背景下，联合国拉美经委会提出了"开放的地区主义"的新理论，主张从经济发展模式的转换看待拉美经济一体化，在很大程度上改变了原来拉美经济一体化的含义，主张打破旧的封闭式的一体化理论，实行对外开放的地区一体化。在这一时期，南美洲形成了南北两大一体化组织。南部是南方共同市场（MERCOSUR），北部则是在1996年由安第斯集团重组而成的安第斯国家共同体（CAN）。南方共同市场无疑是南美洲最为成熟的一体化组织，创建以来，在促进成员国经济贸易一体化以及其他领域的合作方面取得了显著的成绩，其发展对南美洲南部地区的整体性发展有着重要的作用。遗憾的是由于安第斯国家共同体成员国在一些关于一体化进程特别是对美国的政策等重大问题上无法达成一致，许多最初制定的目标没有实现。

　　来到新的世纪，为了适应国际政治经济形势的错综变化，拉美成立了涵盖地区全部33个国家[1]、西半球最大的区域性组织——拉美和加勒比国家共同体（简称"拉加共同体"，CELAC），这一涵盖所有拉美国家的一体化组织，作为区域内最高级别的政治对话平台，成为拉美对外对话合作的代表，从而实现了更大地域范围内的利益共生和共享。

　　从20世纪50年代小规模一体化实践的兴起到90年代南方共同市场的正式建立，从加强地区经济贸易合作到实现更广泛的政治经济联盟，半个多世纪以来，拉美地区的一体化进程反映了其对于自身发展和国际地位的认识与诉求，也从一个侧面体现了世界经济发展所经历的时代格局。

---

1   2020年1月，巴西宣布退出拉加共同体。成员国从成立之初的33个变为32个。

Textos

Antecedentes

La idea de integración en América Latina y el Caribe no es nada nueva. Esta se remonta a los inicios del siglo XIX cuando en ciertos movimientos independentistas se pretendía la conformación de una región política y económicamente sólida, capaz de competir en el escenario internacional con otros países de mayor poder.

Durante las guerras republicanas se presentaron diversas iniciativas que proponían la integración de toda la región. Algunos personajes claves vendieron esta idea, entre ellos se destaca Simón Bolívar, padre de la Gran Colombia y artífice del gran proyecto de integración sudamericana.

Finalizadas las guerras republicanas hubo varios intentos de confederación (f. 联盟) entre las nuevas repúblicas como la Gran Colombia, las provincias unidas del Centro de América y la Confederación Perú-Boliviana, pero todas fracasaron por la propia naturaleza de las crisis económicas internas y, consecuentemente, por las pugnas (f. 对立，对抗) políticas, las guerras civiles, las intervenciones extranjeras y el recelo (m. 怀疑，担心) de las clases gobernantes a perder el poder.

Cita de Simón Bolívar: «La América así unida, si el cielo nos concede ese deseado voto, podrá llamarse la reina de las naciones y la madre de las repúblicas».

Simón Bolívar

¿Lo sabías? 01

玻利瓦尔被称为"解放者"，同时他关于独立后拉美发展的一系列思想使他不仅是一位独立运动的领袖，也是拉美发展的探索者和先驱。查找资料，说说玻利瓦尔的思想及其对后世的影响。

Gran Colombia

La Gran Colombia fue un país de América del Sur creado en 1819 por el congreso reunido en la ciudad de Angostura mediante la Ley Fundamental de la República, y ratificada después por el Congreso de Cúcuta en 1821, por la unión de Venezuela y la Nueva Granada en una sola nación bajo el nombre de República de Colombia, a la que luego se adhirieron Panamá (1821), Quito y Guayaquil (1822).

Esta república existió jurídicamente entre 1821 y 1831 y se configuró a partir de la unión de las anteriores entidades administrativas del Virreinato de la Nueva Granada, la Capitanía General de Venezuela, el Gobierno de Quito y el Gobierno de Guayaquil. Su superficie correspondía a los territorios de las actuales repúblicas de Colombia, Ecuador, Panamá y Venezuela —incluyendo la Guayana Esequiba[1], en conflicto territorial guyano-venezolano—; y otros territorios que pasaron a Brasil, Perú, Nicaragua y Honduras por acuerdos internacionales celebrados entre estos países y las repúblicas surgidas de la disolución grancolombiana.

Al momento de su creación la Gran Colombia era el país hispanoamericano con mayor prestigio internacional, tanto así que varios políticos de Europa y América, entre ellos John Quincy Adams, por entonces secretario de Estado y futuro presidente de Estados Unidos, la vislumbraron (tr. 预感，隐约看见) como una de las naciones más poderosas del planeta. Este prestigio, sumado a la figura de Bolívar, atrajeron hacia la nación ideas unionistas de movimientos

Ubicación de la Gran Colombia (1825)

1　Guayana Esequiba，今圭亚那埃塞奎博地区，委内瑞拉始终对这片土地有领土主权要求。

independentistas de Cuba, la República Dominicana y Puerto Rico, que pretendían formar un estado asociado con la república.

El país se disolvió a finales de la década de 1820 e inicios de los años 1830, por las diferencias políticas que existían entre partidarios del federalismo y el centralismo, así como por las tensiones regionales entre los pueblos que integraban la república.

Integración en Latinoamérica: perspectiva histórica

Sin embargo, no fue hasta mediados del siglo XX cuando dichos esfuerzos de integración tomaron curso. En ese entonces, dichas iniciativas fueron motivadas por consideraciones meramente económicas con base en las características de desarrollo que cada país de la región podía ofrecer, sin olvidar que históricamente dicho desarrollo fue enfocado en la producción de materias primas para los mercados europeos y norteamericanos.

Además, dado que el desarrollo industrial de la región no parecía tener respuesta en las estrategias promovidas por la substitución de las importaciones, se buscó facilitar un proceso de integración regional al margen de los vínculos que cada país pudiese tener con Estados Unidos de América. En este sentido, desde finales de la década de los 50 hasta el presente, la idea de desarrollar un proceso de integración que se traduzca en la mejoría de vida de los habitantes de la región ha sido el marco de referencia para una serie de acuerdos y tratados que han llegado hasta nuestros días.

Sin embargo, el primer intento moderno de integración regional que tuvo lugar en América Latina se remonta a esta misma época cuando fue concebido el Mercado Común Centroamericano (MCCA) (año 1960) por iniciativa de la CEPAL.

En sus orígenes, el MCCA solo contó con la participación

Sede de CEPAL, Santiago, Chile

de Guatemala, Honduras, El Salvador y Nicaragua, quienes en el Tratado de Managua de 1960 formalmente acordaron la creación de un órgano <u>supranacional</u> para asegurar la concreción de la integración económica. Dos años más tarde, Costa Rica entró a formar parte de dicho acuerdo. Quedando así conformado el primer ensayo contemporáneo de integración económica de este tipo en el llamado mundo subdesarrollado.

El MCCA se vio gravemente afectado por la crisis política y el conflicto armado que caracterizaron la historia de estas décadas de Centroamérica. Lo que, en cierto modo, condujo a la regresión de cada uno de los países miembros en la formulación de políticas proteccionistas.

En la década de los 60 nuevas tentativas (f. 尝试) integracionistas se dan parte en el escenario latinoamericano y caribeño. La primera de estas consistió en la gestación (f. 妊娠期，酝酿) de la Asociación Latinoamericana de Libre Comercio (ALALC) cuyo marco jurídico fue el Tratado de Montevideo de 1960. Originalmente, los países signatarios de dicho acuerdo fueron Argentina, Brasil, Chile, México, Paraguay, Perú y Uruguay. A los que luego se le unirán Colombia y Ecuador en 1961, Venezuela en

02 **Nota lingüística**

Supra- 前缀，意为 "在……之上"。Significa 'superior' o 'encima'.

1966 y Bolivia en 1967. El ALALC pretendía favorecer la integración económica regional como forma esencial para el fomento del desarrollo socio-económico entre sus miembros. Para ello se pensó constituir una región de libre comercio en un período de doce años, el cual luego fue ampliado a veinte años.

Vale la pena recalcar (tr. 压紧，强调) que los debates de cómo debía ser dicho proceso de integración estuvieron representados por dos grupos con posiciones encontradas. Por un lado, la idea de integración acelerada en base a un proyecto supranacional era promovida por Chile, Venezuela y Colombia; por el otro, la concepción de un proceso de integración gradual era sostenida por Argentina, Brasil y México. Este último grupo logró concertar el apoyo de otros países miembros con lo que consiguió pasar su fórmula de integración. No es una casualidad que hayan sido los tres países latinoamericanos industrialmente más desarrollados los que hayan propuesto la integración gradual fundamentada en las prácticas y avances de desarrollo nacionales.

El ALALC promovió el diálogo y las iniciativas concretas para facilitar la integración. Sin embargo, muchas de estas se quedaron en su marco jurídico e intencional, y no fueron traducidas en su totalidad en mecanismos prácticos.

En 1965, con la independencia de gran parte de las naciones caribeñas se crea una nueva ola del movimiento integracionista, reflejada esta en articulación de la Asociación Caribeña de Libre Comercio conocida como CARIFTA por sus siglas en inglés. Esta asociación perseguía la unión económica de sus integrantes para negociar como bloque en el mercado internacional. Sus esfuerzos estaban encaminados (tr. 使朝向，指引) al incremento, liberalización y diversificación del intercambio comercial, así como a la promoción de un sistema de justa competencia como forma de proteger la pequeña empresa en los países miembros. El CARIFTA finalizó en 1973 dando paso a la formación de la Comunidad del Caribe.

Por su parte, en 1966, Suramérica veía la germinación de dos fuertes iniciativas que estaban siendo promovidas por la ALALC de cara a la integración regional. El primero de estos esfuerzos fue la constitución del Grupo Andino (GA) cuya formulación tiene lugar con la Declaración de Bogotá de 1966, siendo firmada por los gobiernos de Colombia, Chile, Venezuela, Perú y Ecuador. Bolivia se adhirió al GA un año más tarde. Las actividades formales del GA comenzaron en 1969 con la instalación en Perú de su organismo rector.

El segundo paso suramericano a favor de la integración tiene que ver con la creación de la Corporación Andina de Fomento (CAF), entidad financiera para la promoción del desarrollo y la cooperación andina. En este sentido, la CAF ha funcionado como banco múltiple, cuyas políticas de financiamiento no solo han beneficiado a los países andinos, sino que han sido expandidas a otros estados de América Latina y el Caribe.

Tres fueron las principales acciones para la integración en América Latina y el Caribe durante los años 70. La primera de ellas tuvo lugar en el Caribe en 1973 cuando el CARIFTA se transformó en la Comunidad del Caribe (CARICOM), la cual contempló como parte integral de sus funciones el desarrollo de un Mercado Común. El CARICOM promueve la cooperación económica y técnica, así como la coordinación de la política exterior entre sus Estados miembros. En este sentido, el CARICOM se ha planteado como objetivos de futuro la unidad monetaria y la creación de un mercado interno único.

Con la constitución del Sistema Económico Latinoamericano y del Caribe (SELA) en el año 1975 tiene lugar la segunda iniciativa en materia de integración que se da en el subcontinente en la década de los 70. El SELA tiene como objetivos promover la cooperación técnica para favorecer

03 Nota lingüística

organismo rector, 总部。 Tiene el mismo significado como organismo supremo, directorio de autoridades.

la integración, al mismo tiempo que actúa como entidad de consulta y coordinación para la concertación de estrategias y posiciones comunes entre sus miembros, de manera que puedan ser presentadas como bloque único en la relación que estos puedan tener con otros actores en el plano internacional.

El tercer importante paso para la cooperación e integración de esta época fue el nacimiento de la Organización del Tratado de Cooperación Amazónica (OTCA) en 1978. Integrada por Bolivia, Brasil, Colombia, Venezuela, Ecuador, Perú, Surinam y Guyana, la OTCA tiene como componente medular (adj. 本质的) la conservación del medioambiente y la utilización racional de los recursos naturales de la Amazonía.

A los veinte años de la creación de la ALALC un nuevo enfoque toma curso en la propuesta de integración de la región. Es así como en 1980 la ALALC se transformó en la Asociación Latinoamericana de Integración (ALADI). A diferencia de ALALC, ALADI promueve un modelo de integración semejante a los parámetros de libre comercio planteados por la Organización Mundial de Comercio. Sobre todo, la ALADI fomenta un regionalismo abierto cuyo objetivo ulterior es la creación a largo plazo del Mercado Común Latinoamericano.

Aunque la idea de desarrollar un mercado común sudamericano se remonta a los años 80, cuando Brasil y Argentina iniciaron formales acuerdos de comercio bilateral; no es hasta 1991 cuando se creó la entidad que daría curso a la concreción de las estrategias para alcanzar

Símbolo del MERCOSUR

dicha meta. El Mercado Común del Sur (MERCOSUR) nació con la intención de generar los mecanismos y vías político-administrativas para fomentar un proceso de integración orientado a facilitar el desarrollo de sus países miembros, y esto con un marcado sentido de justicia social.

El MERCOSUR está integrado por Argentina, Brasil, Paraguay y Uruguay. Este ha logrado un gran avance en lo que se refiere a la eliminación de aranceles para los productos de la región. No obstante, no se puede afirmar lo mismo en lo relativo a la circulación de factores de producción y a la armonización de políticas macroeconómicas.

Un nuevo episodio de proceso de integración latinoamericana se abre con la entrada en vigencia de la Comunidad Andina de Naciones (CAN). Aunque sus intenciones originales se remontan a la década de los 60, es en 1996 cuando los Estados de Bolivia, Colombia, Ecuador, Perú y Venezuela[1] suscriben el acuerdo que da inicio a sus actividades. El objetivo principal de la CAN es propiciar un modelo de desarrollo regional más acelerado, equilibrado y autónomo, que a la vez pueda ser expandido a todo el subcontinente. En este sentido, todas las estrategias de integración han quedado delimitadas a tres grandes ejes de trabajo: profundización de la integración comercial; desarrollo y competitividad; y política exterior común, cooperación política y social.

Los avances emanados (intr. 源自) de la experiencia andina han sido solidificados con la creación de la Comunidad Sudamericana, la cual representa la fusión del CAN, del MERCOSUR y Chile como forma de propiciar mecanismos para el diálogo y la concertación política en América del Sur. Con esto se persigue alcanzar un mayor nivel de cooperación en aspectos políticos, económicos,

---

1　委内瑞拉1973年加入安第斯国家共同体，2006年因抗议秘鲁和哥伦比亚将与美国签署自贸协议而宣布退出集团。

socioculturales e intercambio de información; así como en temas relacionados a infraestructura física.

En sentido general, todas estas iniciativas reflejan el caminar histórico de los procesos y proyectos integracionistas que han surgido en América Latina y el Caribe desde mediado del siglo pasado. Los cuales se han caracterizado por la definición de aparatos burocráticos que, mal que bien, han dado curso a los actuales lazos de cooperación existentes en la región. Los cuales sobrevividos a los vaivenes políticos, económicos y sociales que han caracterizado la historia de esta parte del hemisferio.

CELAC: nuevo aspecto en el siglo XXI

La **Comunidad de Estados Latinoamericanos y Caribeños (CELAC)** es un mecanismo intergubernamental de ámbito regional, heredero del Grupo de Río y la Cumbre de América Latina y del Caribe que promueve la integración y desarrollo de los países latinoamericanos y caribeños. Es un foro regional que reúne a toda América Latina y el Caribe. CELAC aspira a ser una voz única y decisiones políticas estructuradas de toma de decisiones en el ámbito político y la cooperación en apoyo de los programas de integración regional.

La CELAC fue creada el martes 23 de febrero de 2010 en sesión de la Cumbre de la Unidad de América Latina y el Caribe, en Playa del Carmen (México). Los 33 jefes de Estado y de Gobierno de América Latina más el Caribe asistentes a la Cumbre, decidieron constituir la CELAC como el «espacio regional propio que una a todos los estados»[1]. Posteriormente, en la Cumbre de Caracas (Venezuela), realizada los días 2 y 3 de diciembre de 2011, el organismo quedó constituido definitivamente.

¿Lo sabías?

里约集团（Grupo de Río）在拉美区域组织的发展史上是非常特殊的，为什么？说说它和其他组织的区别。

04

---

1   El día 16 de enero de 2020, Brasil se retiró de la CELAC con posterioridad a la II cumbre del Grupo en Ciudad de México.

Fue creado con el compromiso de avanzar en el proceso gradual de integración regional, unidad y equilibrio cuidadoso de la diversidad política, económica, social y cultural de América Latina y el Caribe de 650 millones de personas. Desde su lanzamiento en diciembre de 2011, la CELAC ha ayudado a profundizar el diálogo respetuoso entre todos los países de la región en áreas tales como desarrollo social, educación, desarme nuclear, agricultura familiar, cultura, finanzas, energía y medioambiente.

Nota bibliográfica

➡ 徐宝华. 拉美经济与地区经济一体化发展 [M]. 北京：中国社会科学出版社 , 2016.

➡ CEPAL. Desarrollo e integración en América Latina [R]. Santiago de Chile: Naciones Unidas, 2016.

➡ RAMOS BARRERA M G, PICO BONILLA C M, VALDÉS MOSQUERA D M, et al. Integración latinoamericana: Retos, obstáculos y nuevos paradigmas [M]. Bogotá: Institución Universitaria Politécnico Grancolombiano, 2020.

➡ SANAHUJA J A. Regionalismo e integración en América Latina: balance y perspectivas [J]. Pensamiento Iberoamericano, 2007(0): 75–106.

➡ SILVA FLORES C, NOYOLA RODRÍGUEZ A, KAN J, et al. América Latina: una integración regional fragmentada y sin rumbo [M]. Ciudad de Buenos Aires Argentina: CLACSO, 2018.

Actividades

I. 用西班牙语解释下列国际组织的缩写。

1. CAF
2. CEPAL
3. CELAC
4. MERCOSUR

5. CAN
6. AP
7. CARICOM
8. ALADI
9. ALBA
10. TLCAN

II. 将成员国与所属组织连线。

Argentina	MERCOSUR
Perú	CAN
México	
Brasil	CELAC
Cuba	AP
Colombia	
Chile	TLCAN

III. 思考与讨论。

1. 高水平的一体化包括哪些要素？能够为成员国带来什么影响和作用？
2. 拉美能实现类似欧盟的高水平一体化吗？为什么？面临的困难有哪些？
3. "中国—拉共体"论坛迄今为止召开了几届？分别在哪里？取得了哪些成果？

Lectura complementaria

Por qué en América Latina no ha habido una integración regional como en la Unión Europea

¿Sabes qué significan estas siglas? ALALC, ALADI, CAN, SELA, ALBA-TCP, SICA, UNASUR, CELAC, MERCOSUR... Vista desde la distancia, la historia de la integración regional en América Latina puede parecer un juego de sopa de letras.

Desde la ALALC (creada en 1962) hasta la CELAC (fundada en 2011), son muchas las iniciativas adoptadas en la región para actuar mancomunadamente.

Estos esfuerzos se iniciaron a principios de la década de 1960 en gran medida inspirados en la Comunidad Económica Europea (CEE), que desde entonces siguió evolucionando hasta la actual Unión Europea (UE).

Pese a que ha pasado por no pocas turbulencias, incluido el caso de la salida del Reino Unido —conocido como Brexit— el europeo aún es considerado como el mecanismo de integración más exitoso del mundo.

La UE no solo dispone de un mercado único con libre circulación de bienes, servicios, trabajadores y capitales; también hay una moneda compartida por 19 de sus 28 miembros; una política exterior y de seguridad común.

Mientras tanto, en América Latina las múltiples iniciativas regionales están aún lejos de dar resultados comparables a los de la UE y tampoco son ajenas a las crisis internas.

1. Base económica

La primera diferencia de la UE con América Latina es la complementariedad de sus economías. Los principales socios comerciales de los europeos son otros países del bloque, mientras en América Latina, suele ser mucho más importantes el comercio con Estados Unidos y China.

Esto se plasma en que el intercambio comercial dentro de cada bloque: mientras en promedio entre un 65 % y un 70 % del comercio exterior de los miembros de la UE tiene como destino otros países del mismo bloque, en el conjunto de América Latina el comercio intrarregional se ubica de media en torno a un 20 %.

La integración regional necesita tener fundamentalmente una base económica. Debe permitir el intercambio de bienes, servicios, capitales y trabajadores, y tiene que servir para adoptar políticas económicas comunes entre los estados miembros.

Es muy difícil integrar economías cuya oferta exportable es muy similar y se basa principalmente en materias primas. Este es un lastre del pasado colonial de la región que sigue gravitando a pesar de los cambios ocurridos en los últimos decenios.

Es decir, las exportaciones de los latinoamericanos compiten por el mercado chino y estadounidense, y también el europeo.

2. Tan grande como varias Europas

La enorme extensión geográfica de la región es otro obstáculo para la integración latinoamericana que afecta directamente la posibilidad de incrementar los flujos comerciales y de personas.

Para ilustrarlo, basta con decir que los 4.3 millones de kilómetros cuadrados de los 28 miembros de la Unión Europea ocupan apenas poco más de la mitad del territorio de Brasil.

Pero no es solo un problema de extensión geográfica, sino también de falta de infraestructuras como carreteras, vías férreas, puertos y aeropuertos suficientes y adecuados.

Hoy las barreras geográficas a la integración, la falta de infraestructuras, pesan más en términos de costes que muchos aranceles que ya se han eliminado. Todavía, por ejemplo, el transporte por carretera de mercancías en los Andes se interrumpe porque nieva. Además, hay un enorme problema de integración de la vertiente atlántica con la pacífica.

3. Bajo nivel de institucionalización

Históricamente, América Latina ha tenido una vocación asociativa que ha sido una nota persistente desde los años 1960 en adelante pero ha habido un bajísimo nivel de institucionalización.

Los mecanismos instaurados en la región se han creado preservando una noción muy fuerte de soberanía nacional, debido a las dificultades para que los países permitieran ciertos niveles de injerencia o de reciprocidad en algunos temas y a que en la región se ha procurado tener modelos de desarrollo mucho más proteccionistas.

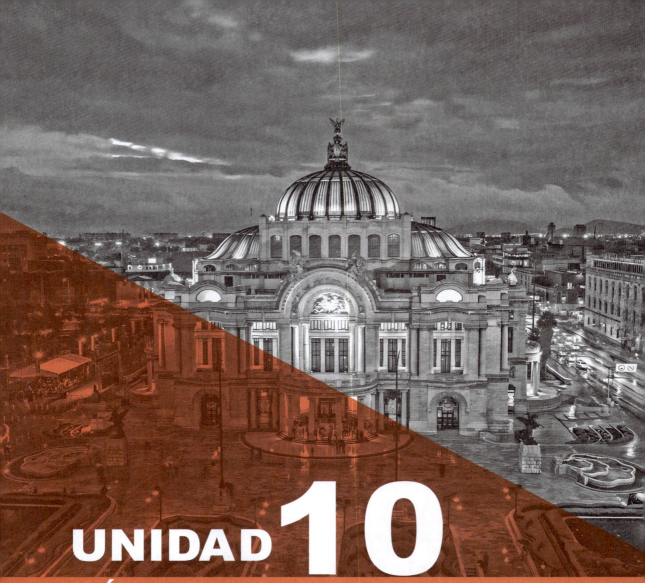

UNIDAD 10

MÉXICO

墨西哥

导 读

墨西哥属于拉美地区现代化程度较高的国家，是当前拉美第二大经济体，是经济合作与发展组织（OCDE）和二十国集团（G20）的成员国。作为美洲两大古代文明的发源地和唯一位于北美洲大陆南部的拉美国家，墨西哥不仅因其绚烂的文化闻名于世，还因其特殊的地理位置在地缘政治中引人关注。

肇始于1910年的墨西哥革命是一场比较彻底的资产阶级民主革命，改变了当时的政治和经济结构，推动了资产阶级民主宪法的颁布，1917年颁布的《墨西哥宪法》被视为拉美第一部非照搬西欧和美国政治思想的立宪文献。革命带来了体制上的变革与创新，为进口替代工业化模式的实施奠定了坚实的基础，被视作该国历史的重要转折点。革命后的墨西哥开启了较快的现代化发展进程。在经济方面，墨西哥政府为限制外国垄断组织对经济的影响，于1938年将石油资源收归国有，并于20世纪40至70年代大力发展民族工业，提高城市化水平，缔造了"墨西哥奇迹"。但这一增长势头之后因80年代的债务危机被彻底打断。20世纪80年代开始，墨西哥政府选择了新自由主义改革和出口导向发展模式以应对危机。政治方面，墨西哥民主政治进程相对稳固，革命制度党（Partido Revolucionario Institucional, PRI）一党独大，曾经连续执政长达71年（1930—2000年）。文化方面，革命后，墨西哥政府在文化领域大力发展教育事业，通过壁画运动等重塑民族身份，强化公众的民族主义意识，先后涌现出戴维·阿尔法罗·西凯罗斯（David Alfaro Siqueiros），迭戈·里韦拉（Diego Rivera）和何塞·克莱门特·奥罗斯科（José Clemente Orozco）等一批民族艺术大师。里韦拉的夫人弗里达·卡洛（Frida Kahlo）更以其深受墨西哥自然和文化影响的画作蜚声世界。

作为唯一位于北美洲大陆南部的拉美国家，墨西哥与美国有着千丝万缕的关系，既有经贸关系上对美的依赖，也有政治外交上受到的干涉和渗透。对此，墨西哥总统波菲利奥·迪亚斯（Porfirio Díaz）曾经感叹道："可怜的墨西哥，离上帝太远，离美国太近。"（Pobre México, tan lejos de Dios y tan cerca de Estados Unidos.）墨西哥和美国、加拿大两国签署的《北美自由贸易协定》自1994年1月1日起全面生效，墨西哥成为第一个与发达国家建立自贸区的发展中国家。墨西哥的客户工业（Industria maquiladora）由此获得一定的发展，同时也带来了环境污染、创新能力下降等一系列问题。

Textos

Panorama

Los Estados Unidos Mexicanos es un país soberano ubicado en la parte meridional de América del Norte. Limita con Estados Unidos (al norte) y con las naciones de Guatemala y Belice (al sur). Posee además costas en el océano Atlántico, mar Caribe y golfo de México (al este) y en el océano Pacífico (al oeste). Con una superficie de 1964 mil km^2 y una población de 128 millones, es el decimotercer país más extenso del mundo, el tercero más grande de América Latina y el décimo país más poblado del mundo.

México es una República Federal que proclamó su Independencia de España el 16 de septiembre de 1810. La Constitución actualmente en vigor fue aprobada por el Congreso el 5 de febrero de 1917. De acuerdo con la Constitución vigente, su forma de gobierno consiste en una república representativa, democrática, laica (f. 世俗的，非宗教的), federal y bicameral (adj. 两院制的，指议会由参议院和众议院组成), compuesta por 32 entidades federativas, 31 estados y la capital, la ciudad más poblada

El Palacio Nacional Presidencial, Ciudad de México

del país, la Ciudad de México.

La geografía es variada y con una importante presencia volcánica, recorrida por las sierras Madre (马德雷山脉) en torno a la altiplanicie mexicana, donde está la mayor concentración de población.

El territorio mexicano fue cuna de una de las civilizaciones más antiguas del mundo: la mesoamericana (adj. 中部美洲的). México alberga numerosos yacimientos arqueológicos de la época precolombina, así como pirámides indígenas y mucha evidencia de su historia colonial. Y como todos los países latinoamericanos, México exhibe una importante mezcla cultural y racial, en la que indígenas, blancos europeos y negros africanos tomaron parte. Esto explica la enorme riqueza cultural de la región.

Con una rica historia cultural y gran diversidad, una geografía favorable y abundantes recursos naturales, México se encuentra entre las quince economías más grandes del mundo y es la segunda de América Latina, a pesar de sus importantes márgenes de pobreza y exclusión, o de corrupción y otros problemas institucionales.

Se caracteriza por seguir un modelo neoliberal desde 1980, que hace énfasis en la explotación y comercialización del petróleo (sexto vendedor de crudo del mundo), y en el turismo. Durante las últimas tres décadas, México ha tenido un desempeño por debajo de lo esperado en términos de crecimiento, inclusión y reducción de la pobreza en comparación con países similares. La economía tuvo un crecimiento estimado en poco más del 2.0 por ciento anual entre 1980 y 2018, lo que limita el progreso en la convergencia en relación con las economías de altos ingresos.

¿Lo sabías? `01`

如果你学过第八课，就会记得墨西哥是经合组织（OCDE）成员国，而且是最早加入经合组织的拉美国家（1994年）。然而，该国近三十年来的发展并不尽如人意。学习本课之后，尝试回答，为什么被俗称为"富人俱乐部"的经合组织在1994年接纳了墨西哥？

Revolución mexicana, el gran movimiento social del siglo XX

La Revolución mexicana fue una guerra civil que desangró (tr. 使大量流血) a México a partir de 1910 que duró más de 10 años, cobrando más de un millón de muertes. La revolución tuvo su detonante (m. 引爆物) en el descontento popular hacia la dictadura de Porfirio Díaz, quien ejerció el poder en el país de manera dictatorial desde 1876. A partir de ahí se iniciaron una serie de violentos enfrentamientos entre los partidarios de facciones con intereses muy distintos que derivó en el asesinato de sus principales protagonistas: Francisco Madero, en 1913; Emiliano Zapata en 1919; Venustiano Carranza en 1920 y Pancho Villa, en 1923. La Revolución mexicana transformarían de manera radical las estructuras políticas y sociales del país y acabarían convirtiendo a algunos de sus líderes, como Emiliano Zapata y Pancho Villa (萨帕塔和比利亚，两人均为墨西哥革命的农民起义领袖，萨帕塔在南部，比利亚在北部), en auténticas leyendas.

En su libro *Breve historia de la revolución mexicana*, el político y académico Jesús Silva Herzog (墨西哥著名历史学家) (1892–1985) subrayó que, efectivamente, la causa fundamental del gran movimiento social que transformó la organización del país en casi todos sus variados aspectos, fue la existencia de enormes haciendas (f. 庄园) en manos de unas cuantas personas con mentalidad conservadora o reaccionaria. Siguiendo el dictado de los lemas acuñados por Zapata, «mejor morir de pie que vivir toda una vida arrodillado» o «la tierra es para quien la trabaja». La lucha de Zapata y Villa serviría de inspiración a los futuros movimientos revolucionarios que surgirían en América Latina a lo largo del siglo XX.

Los historiadores consideran a este proceso como la primera revolución social del siglo XX, por su carácter popular y agrario. Uno de los logros transcendentes fue la promulgación de la Constitución de México 1917. La consideran también como una revolución política que promovió un desarrollo capitalista con cierta inclusión social. Por su parte, Plutarco Elías Calles, que había sido presidente entre 1924 y 1928, fundó en 1929 el Partido Nacional Revolucionario, llamado más tarde

02 Rincón cultural

波菲利奥·迪亚斯（Porfirio Díaz），1876—1911年间墨西哥的独裁统治者。在他治下，墨西哥的经济得到了发展，但是社会不公加剧，1910年他谋求再次连任，直接成为墨西哥革命的导火索。他的统治时期被称为porfiriato。这位总统还有一句名言："可怜的墨西哥，离上帝太远，离美国太近。"（Pobre de México, tan lejos de Dios y tan cerca de Estados Unidos.）

Detalle del mural de artista Diego Rivera con el famoso eslogan de Emiliano Zapata: «Tierra y Libertad»

Partido Revolucionario Institucional (革命制度党), que gobernaría México durante los siguientes setenta años. Después de la Revolución mexicana el país derivó en un régimen populista debido a la fuerza adquirida por los sectores populares movilizados durante la lucha armada.

Muralismo (壁画运动) mexicano: movimiento artístico y social

El Muralismo mexicano es uno de los géneros artísticos más distintivos de América Latina.

La Revolución mexicana aumentó el deseo por una verdadera transformación en México y se comenzaron a hacer demandas más radicales de parte del pueblo que buscaba una revolución social, política y económica. Así surgió el Muralismo que es un movimiento artístico a principios del siglo XX y fue creado por un grupo de intelectuales, pintores mexicanos y fue reforzado por la Gran Depresión y por la Primera Guerra Mundial.

Muchos cambios fueron implementados cuando Álvaro Obregón (1920—1924年任墨西哥总统) llegó al poder. Fueron distribuidas tres millones de hectáreas de tierras a los campesinos, los programas educativos fueron mejorados y se dieron fondos para fomentar las artes. Y muchos de esos fondos fueron utilizados por los muralistas y así expresar orgullosamente su pasado indígena y educar a la gente.

Los artistas e intelectuales querían una nueva identidad nacional y buscaban consolidar los ideales sociales creados en la Revolución y por medio de su arte destacaron el nacionalismo y así cambiaron las ideas preexistentes contra los indígenas.

Para 1923 el Muralismo se volvió muy conocido dentro y fuera de México. Los llamados «Los Tres Grandes» (壁画运动三杰) fueron David Alfaro Siqueiros, Diego Rivera y José Clemente Orozco que pintaron con los fondos del Departamento de Educación.

El Muralismo cambió la manera de pensar de muchos acerca de los indígenas mexicanos, destacando su cultura y la enseñanza de su historia. Gran parte de la producción de murales resaltaba el aspecto indígena de la cultura mexicana y era un factor importante en la creación del México moderno, esto fue añadido con la idea de reexaminar la historia desde una perspectiva diferente. Muchos muralistas incluían problemas de relevancia social y eran útiles ya que comunicaban pensamientos

La Biblioteca Central, UNAM (Universidad Nacional Autónoma de México). El exterior del edificio está decorado con el mural Representación histórica de la cultura *del artista mexicano Juan O'Gorman. En 2007 la UNESCO la declaró Patrimonio Cultural de la Humanidad, junto con el campus central de la Ciudad Universitaria.*

acerca de la política de la izquierda y provocaron conciencia social. Muchos murales fueron creados en la mayor parte de México entre 1920 y 1970 con temas relacionados a políticas y nacionalismo enfocado, a veces, en la Revolución mexicana, en la identidad mestiza y en la historia de las culturas mesoamericanas.

El pensamiento fundamental de los muralistas era el rechazo a la idea de que el arte es solo para una minoría selecta, en realidad, es para todo el pueblo.

El Milagro mexicano

«El Milagro mexicano» fue un desarrollo económico alto y sostenido de 1940 a 1970, crecimiento equiparable al de las potencias mundiales de la época. Fenómeno que logró impresionar al mundo.

El Milagro mexicano coincidió con el gobierno de cinco presidentes:

Manuel Ávila Camacho de 1940 a 1946.
Miguel Alemán Valdés de 1946 a 1952.
Adolfo Ruiz Cortines de 1952 a 1958.
Adolfo López Mateos de 1958 a 1964.
Gustavo Díaz Ordaz de 1964 a 1970.

EL MILAGRO MEXICANO

1940–1946   1946–1952   1952–1958   1958–1964   1964–1970

La política económica de estos presidentes se centró en el crecimiento económico, la actividad industrial se intensificó como nunca antes y en consecuencia se desarrollaron las zonas urbanas del país con el mejoramiento de la infraestructura y la demanda de mano de obra.

El Milagro mexicano supuso la transformación del país de exportador de materias primas a exportador de productos industrializados, así se fomentó la industria interna y la sustitución de importaciones. Este cambio, fue provocado por el inicio de la Segunda Guerra Mundial, ya que las naciones en conflicto priorizaron la producción de armamento.

03 Rincón cultural

1964年，时任总统阿道弗·洛佩斯·马特奥斯（Adolfo López Mateos）总统主持建造了著名的国立人类学博物馆，博物馆气势恢宏，馆藏了大量哥伦布发现美洲大陆前重要的人类学文物。博物馆的馆藏文物水平之高，展馆建筑和设计之精湛，体现了当时拉美的最高水平。被认为是墨西哥的国宝和身份象征，从一个侧面体现了"墨西哥奇迹"所带来的发展和繁荣。

Museo Nacional de Antropología, Ciudad de México

Otra implicación para el fomento de la economía nacional fue la creación de sociedades empresariales en el país. El campo dejó de ser una de las principales actividades económicas, ya que para las décadas cuarenta y cincuenta se pensaba que el motor de la economía nacional era la industria.

El Milagro mexicano se aparejó con el crecimiento poblacional, sobre todo en las grandes ciudades, la población del país, que era prominentemente rural, se volvió urbana ya que las fábricas de ciudades industrializadas como Monterrey, Guadalajara y la Ciudad de México, demandaban mucha mano de obra. La concentración de las personas en las urbes llevó a la creación de escuelas, hospitales y viviendas, a ello se le denomina infraestructura, indispensable para mejorar la calidad de vida de las personas. Además, se construyeron caminos, carreteras, aeropuertos y puertos, necesarios para el traslado de mercancías e insumos para el funcionamiento y desarrollo de la industria. En síntesis, el Milagro mexicano supuso la construcción de infraestructura para el bienestar social de la población mexicana, sobre todo, del sector urbano.

De TLCAN a T-MEC

El Tratado de Libre Comercio de América del Norte (TLCAN) (北美自由贸易协定), en inglés North American Free Trade Agreement (NAFTA), es una zona de libre comercio entre Canadá, Estados Unidos y México permitiendo reducir los costos para promover el intercambio de bienes entre los tres países. El Tratado entró en vigor a partir del 1 de enero de 1994, el cual convirtió México en el primer país en vías de desarrollo que estableció una zona de libre comercio con los países desarrollados.

Hay quienes sostienen que este tratado para el comercio regional en América del Norte benefició a la economía mexicana, y ayudó a enfrentar la competencia planteada por Japón y la Unión Europea. Sin embargo, otros argumentan que Canadá y México se convirtieron en «colonias» de EE. UU., y que, como consecuencia del TLCAN, aumentó la pobreza en México y agravó el desempleo en EE. UU. Hacer el dólar la única moneda en las transacciones comerciales entre los socios del TLCAN implicó una seria resistencia por parte de la sociedad mexicana e incluso por ciertos sectores del gobierno donde existía el miedo a la pérdida de la identidad nacional mexicana.

El Tratado entre México, Estados Unidos y Canadá (T-MEC) (美墨加协定) es el nuevo tratado de libre comercio entre México, Canadá y Estados Unidos que entró en vigencia el 1 de julio de 2020. Este tratado

¿Lo sabías?

《美墨加协定》的谈判和签署是在特朗普任美国总统期间完成的。此前，就对墨关系，他有一系列表态和操作。包括在2016年总统竞选期间表示如果当选，他将会着手修建更高的边境墙，并让墨西哥政府支付相关经费。这面墙被称为 Trump wall。查阅资料，了解下美国和墨西哥之间有史以来的"恩怨情仇"。

viene a sustituir al TLCAN. A grandes rasgos, el nuevo T-MEC mantiene el espíritu de la ley del anterior TLCAN: fomentar el libre comercio de bienes y servicios entre México, Canadá y Estados Unidos. Sin embargo, en su nueva versión, este tratado marca dos importantes diferencias. Primero, el nuevo T-MEC refleja el espíritu proteccionista del tratado, sobre todo de cara a Estados Unidos. La angustia del gobierno de Estados Unidos era la destrucción del empleo local, producto de la mano de obra más económica de México. Por ello, el T-MEC presenta las mayores diferencias contra el TLCAN en las áreas de manufactura, agricultura y producción textil. Segundo, es el primer tratado que reconoce en un capítulo entero (el capítulo 19) el comercio eléctrico y comienza a pavimentar (tr. 铺路) el sendero para el libre comercio online entre las tres naciones.

Nota bibliográfica

➡ 谌园庭. 墨西哥[M]. 北京：社会科学文献出版社, 2010.
➡ ESCALANTE GONZALBO P, GARCÍA MARTÍNEZ B, JÁUREGUI L. Nueva historia mínima de México ilustrada [M]. Ciudad de México: El Colegio de México, 2008.

Actividades

I. 用西班牙语解释下列表达。

1. T-MEC
2. Muralismo
3. Milagro mexicano
4. Revolución mexicana

II. 请查找资料，了解美墨战争。

　　1846—1848年间的美墨战争本质上是美国对墨西哥的侵略，是墨西哥历史上黑暗的一页。请查找资料，了解美国此役之后掠夺了哪些墨西哥领土。

III. 思考与讨论。

1. 结合课文，查阅墨西哥壁画运动中的代表作品，你最喜欢哪一幅？壁画运动除了具有艺术革新的属性外，为什么还被认为是社会运动？
2. 墨西哥和其他拉美国家最大的不同之一是它位于北美洲大陆南部，这个地理位置给它带来了什么？墨西哥为什么能够成为第一个和发达国家签署自贸协议的发展中国家？它和美国之间的关系是怎样的？美国对墨西哥的战略目的又是什么？
3. 2018年美国美泰公司在其芭比娃娃系列中开发了一款以墨西哥著名女画家弗里达·卡洛（Frida Kahlo）为原型的玩偶，遭到画家后人的侵权指控。请了解弗里达·卡洛的生平和作品，和同学谈谈这位蜚声世界的艺术家。

Lectura complementaria

La gastronomía mexicana: orgullo y tradición

La cocina mexicana es reconocida por la delicia que los paladares (m. 味觉，口味) experimentan. No solo el sabor o el color de las especias y hierbas que dan el toque final a estas comidas son fundamentales, la manera en la que se preparan estos suculentos platillos es vital para que sea digno de este país mexicano.

Parte de la historia gastronómica

Los orígenes de la gastronomía mexicana se remontan al período prehispánico en donde el principal ingrediente era el maíz, al igual que otros, como: cacao, chile, nopales (m. 仙人掌), aguacate, tomate, frijoles, etc.

La llegada de los españoles hizo que hubiera un mestizaje en la gastronomía, ya que introdujeron ingredientes nuevos, tales como: frutas, azúcares, aceites, cereales y especias que enriquecieron a lo que ya se conocía.

Gracias a eso nacieron los platillos que hoy en día son principales en el país y le han dado fama mundial a la gastronomía mexicana, así como el mole (m. 墨西哥甜辣酱), cochinita pibil, chiles en nogada (f. 胡桃调味汁), las carnitas, los típicos tacos, entre otros.

Una ruta por el México exquisito

El conjunto de los platillos típicos mexicanos ha sido declarado Patrimonio Inmaterial de la Humanidad, ya que hay una amplia variedad de sabores, por lo que te dejamos esta lista para que conozcas las comidas que enorgullecen al pueblo Azteca.

Pozole (m. 玉米粒荤素什锦)

Este suculento caldo prehispánico se creó en Cuernavaca, el ingrediente principal es el maíz y según la región en la que te encuentres se agrega el tipo de carne que lo va a acompañar, puede ser cerdo, pollo o res. El pozole consiste en la cocción del cacahuacintle (m. 墨西哥的一个玉米品种), que es un maíz de grano grande, después se

le agrega la carne y para finalizar ricos condimentos complementarios que le dan el delicioso sabor a este gran platillo como: rábanos (m. 萝卜), lechuga, aguacate y por supuesto no debe faltar el chile, ya sea en salsa o polvo.

Chiles en nogada (酿墨西哥辣椒)

Este exquisito representante mexicano desciende de Puebla, se dice que fue creado por monjas agustinas (adj. 奥古斯丁修会的) del Convento de Santa Mónica para celebrar la Independencia de México. Sus colores y la llamativa presentación lo convierten en el platillo fundamental de esta nación. Consta de chile poblano con un rico

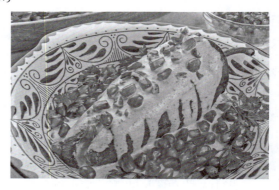

relleno de res o cerdo acompañado de frutos, mientras que la salsa que lo cubre está hecha a base de nueces (f. 胡桃，核桃) de castilla. Al momento de servirlo, el plato es decorado con perejil (m. 欧芹) y granada y así representar los colores de la bandera de México.

Mole

Uno de los platillos más exóticos de México, el cual es otra creación de Puebla, se caracteriza por tener diversos tipos de chile, especias y semillas que son molidas en metates (m. 石板，石碾盘) y molcajetes (m. 臼，三角研钵). Este preparado es complemento de algún platillo

que tenga carne, ya que el mole es la salsa que lo acompaña. Es reconocido a nivel mundial por los ingredientes extraordinarios con los que está hecho y que su preparación se ha vuelto una admirable tradición. Otro protagonista estrella en el mole es el cacao que le da un toque dulce.

Enchiladas (玉米辣椒肉馅饼)

En cualquier país del mundo te podrán decir que conocen las enchiladas, este platillo tan imperdible da la vuelta al mundo y es un representante innato de México. Es originario de San Luis Potosí y consiste en las afamadas tortillas de maíz, rellenas de res, pollo o cerdo y queso. Como delicioso complemento, encima se añade salsa de diferentes

tipos de chile, frijoles, queso, crema y se acompaña con lechuga, cebolla o aguacate. Hay varios tipos de enchiladas, depende el tipo de salsa que le pongas, pero el sabor definitivamente es extraordinario.

México se enorgullece con las raíces gastronómicas que sus antepasados les han heredado. Aquí, los paladares se enriquecen con los sabores de este hermoso país y sin duda, así el mundo conoce lo que es México y lo que lo caracteriza: tradiciones, biodiversidad, colores, paisajes, ciudades y sobre todo la gastronomía.

UNIDAD 11

AMÉRICA CENTRAL

中美洲

导 读

　　地理概念的中美洲是指墨西哥以南、哥伦比亚以北的美洲大陆中部地区，包括危地马拉、萨尔瓦多、伯利兹、洪都拉斯、尼加拉瓜、哥斯达黎加和巴拿马七国。历史上中美洲曾是玛雅文化的发源地，后沦为西班牙和英国的殖民地。在长期的历史发展进程中，深受美洲本土文化、欧洲文化和非洲文化的影响，呈现出文化融合和杂糅的特点。

　　伯利兹曾为英属殖民地，因此与其他前西班牙殖民地六国在语言文化上有显著差异，且直至1981年方才取得独立。巴拿马于1903年在美国的干涉下脱离哥伦比亚独立，成为共和国，依托巴拿马运河和科隆自贸区（Zona Libre de Colón），其发展模式和其他六国有显著不同。

　　中美地峡是连接北美洲大陆和南美洲的天然桥梁，地处沟通太平洋和大西洋的战略要冲位置，具有重要的经济价值和战略地位，也因此频繁受到外部干涉和内部冲突的困扰。中美洲各国国力孱弱、地域狭小、实力有限，在一定程度上限制了国家的行动能力和自主能力。美国曾长期支持中美洲多国的独裁政府，如尼加拉瓜臭名昭著的索摩查（Somoza）政权，垄断巴拿马运河的控制权，凭借联合果品公司等控制多国经济命脉，是该地区贫困动荡的始作俑者。20世纪80年代，墨西哥、委内瑞拉、哥伦比亚和巴拿马成立孔塔多拉集团（Grupo de Contadora），积极推动和平解决中美洲问题，为避免外部武装干预迈出了坚实的一步。

　　新世纪以来，多个中美洲国家改变传统的外交走向，相继与中国建交，成为进一步推动拉美地区对华合作的重要力量。

　　当前，上述国家通过中美洲一体化体系继续深化和平、民主与一体化进程，其未来的发展值得期待。

Textos

Conoce Centroamérica

Centroamérica es el portentoso (adj. 奇异的，奇特的) y pequeño istmo (m. 地峡) de 522 762 km² que une a la América del Norte con la América del Sur y comprende siete naciones hermanas: Belice, Guatemala, El Salvador, Honduras, Nicaragua, Costa Rica y Panamá. La colonización, la esclavitud y la inmigración han jugado un papel importante en la modificación étnica de la población, y como resultado, Centroamérica es una fusión de numerosas culturas, grupos étnicos, idiomas y tradiciones. La región es sinónimo de pasión, misticismo (m. 神秘主义), naturaleza, cultura, sol, mar, arena, lagos y volcanes, con poblaciones cuyos linajes (m. 家族) proceden de variadas culturas ancestrales (adj. 祖先的), las que al fundirse con los europeos y africanos generaron el rico mestizaje que hace de ella una región única e incomparable. Entre las naciones, Costa Rica (2007), Panamá (2017), el Salvador (2018), Nicaragua (2021) y Honduras (2023) establecieron relaciones diplomáticas con China.

Belice

Belice, con una población aproximada de 430 000 habitantes, está ubicado en la costa caribeña del norte de Centroamérica. Su capital es la ciudad de Belmopán y la ciudad más poblada es la Ciudad de Belice. El encuentro entre los indígenas caribeños y los africanos que fueron llevados a Belice como esclavos por los colonizadores europeos, dio origen a un nuevo grupo étnico: los garífunas (m., f. 中美洲一个人数较多的混血民族). Belice fue parte del Imperio maya que se extendía desde el sur de México hasta Guatemala y Honduras. Posteriormente fue explorado por los españoles y después colonizado por el Imperio británico hasta su independencia plena en 1981.

01 **¿Lo sabías?**

在对华建交的中美洲国家中，哥斯达黎加和尼加拉瓜与中国签署了自由贸易协议。巴拿马和中国的自贸区谈判正在进行中。自贸区的建立会给双方带来哪些好处？

Es el único país de Centroamérica en donde el idioma oficial es el inglés, al ser una ex-colonia británica, aunque también se habla español. El bilingüismo es muy común y alentado. Belice es parte del importante corredor biológico mesoamericano, con gran diversidad biológica, tanto marina como terrestre. La mayoría de la población profesa el catolicismo, y la influencia británica ha aportado una considerable y variada congregación (f. 团体) protestante, incluyendo menonitas (m., f. 门诺派教徒) alemanes y suizos.

Guatemala

Situada en el extremo noroccidental de Centroamérica, la República de Guatemala cuenta con una población aproximada de 18 600 000 habitantes, y una amplia cultura autóctona, producto de la herencia maya y la influencia española durante la época colonial. Su capital es la Ciudad de Guatemala, llamada oficialmente «Nueva Guatemala de la Asunción». A pesar de su relativamente pequeña extensión territorial, Guatemala cuenta con una gran variedad climática, producto de su relieve montañoso, llegando a alcanzar una altura de hasta 4220 metros sobre el nivel del mar. El idioma oficial es el español, aunque es utilizado como segundo idioma por algunos grupos étnicos en otras partes del país. La actual cultura guatemalteca es el resultado de las numerosas influencias maya, española, afrocaribeña, mexicana y en menor medida estadounidense, así como también del resto de América. La influencia de los indígenas y de los colonos españoles aún puede ser vista por toda Guatemala.

Los tejidos «típicos» y algunas vestimentas tradicionales se elaboran de forma tradicional maya, sin embargo, la transculturización ha tenido su influencia en las prendas de vestir, principalmente en la población indígena joven. También pueden encontrarse importantes sitios arqueológicos con ruinas mayas.

El Salvador

Situada en la costa Pacífica de Centroamérica, la República de El Salvador, con una población aproximada de 6.3 millones de habitantes, es el país más pequeño de Centroamérica y el más densamente poblado de todo el continente americano. Su capital es San Salvador, la ciudad más grande del país. Conocido como la Tierra de Volcanes, El Salvador está lleno de tradiciones y costumbres ancestrales provenientes de las culturas prehispánicas que se fusionaron con las costumbres españolas.

Honduras

La República de Honduras, situada en el centro-norte de Centroamérica, cuenta con una población de aproximadamente 10 millones de habitantes. Su capital es Tegucigalpa. El territorio de Honduras es muy accidentado (adj. 不平的，崎岖的), formado por altas filas de montañas, elevadas planicies, y profundos valles en los que se encuentran extensos y fértiles llanos cruzados por caudalosos ríos, lo cual contribuye a su rica biodiversidad. Su privilegiada ubicación entre dos océanos y sus condiciones topográficas crean una gran variedad de hábitats, desde bosques nublados hasta arrecifes (m. 礁石，群礁) coralinos (adj. 珊瑚的), favorables para una alta diversidad de flora y fauna. Honduras es un país multiétnico, multicultural y multilingüe con cuatro grandes familias étnicas: los blancos o mestizos que son la mayoría, los pueblos indígenas, los garífunas y los criollos de habla inglesa. Aunque el idioma oficial de Honduras es el español, la Constitución se compromete a preservar y promover las culturas nativas.

Nicaragua

Situada en el centro geográfico del istmo centroamericano, la República de Nicaragua cuenta con una población de naturaleza multiétnica estimada en 6.6 millones de habitantes. Su capital es Managua. Habitado por pueblos precolombinos, la costa del océano Pacífico y parte de la región central del actual territorio de Nicaragua fue conquistado por los españoles, mientras que en la costa Caribe se estableció el dominio colonial británico. Nicaragua es un país volcánico y tropical. Su privilegiada localización hace del país un albergue de vasta biodiversidad. El español es la lengua oficial, aunque también son reconocidas las lenguas de los pueblos indígenas originarios. La religión es una parte importante de la cultura nicaragüense, siendo el catolicismo la denominación religiosa predominante, seguida por el protestantismo.

Costa Rica

La República de Costa Rica tiene una población estimada en 5.2 millones de habitantes. Su capital, centro político y económico es San José. El territorio de Costa Rica es una franja estrecha de tierra rodeada por dos océanos, y es el país con mayor biodiversidad del planeta por kilómetro cuadrado de territorio. Es un país muy montañoso y la mayor parte del territorio está formado por elevaciones de entre 900 y 1800 metros sobre el nivel del mar. La cultura costarricense posee influencias indígenas, europeas, afrocaribeñas y asiáticas, siendo la religión predominante el cristianismo. Sus rasgos culturales han sido marcados por su posición en el istmo, como puente entre dos grandes masas continentales, generando una línea de paso de todo tipo de corrientes e influencias. Aunque el español es el idioma oficial, se hablan también cinco lenguas autóctonas.

Panamá

Situado al sureste de Centroamérica, la República de Panamá cuenta con una población superior a los 4.4 millones de habitantes. Más del 70 % de los panameños habita en áreas urbanas, y la mitad de ellos en la ciudad de Panamá, su capital. Panamá es el país más meridional de Centroamérica y uno de los más biodiversos, formado en su mayoría por tierras bajas. Su condición de país de tránsito lo convirtió tempranamente en un punto de encuentro de culturas provenientes de todo el mundo.

El país es el escenario geográfico del canal de Panamá, obra que facilita la comunicación entre las costas de los océanos Atlántico y Pacífico. El español es el idioma oficial del país y también se reconocen idiomas oficiales indígenas. El inglés es la lengua extranjera de mayor uso y demanda, y es hablada por afroantillanos (m., f. 安的列斯群岛的非洲裔居民) de la costa atlántica del país, y en la ciudad de Panamá. Por su diversidad cultural, en el país se practica una amplia gama de religiones; sin embargo, la religión católica es la predominante.

El Camino de la Paz en Centroamérica

En todos los idiomas «paz» es una palabra suprema y sagrada, expresa el deseo de un reino de paz y justicia.

A finales de la década de los 80 la región se encontraba en enfrentamientos que desangraban principalmente a Guatemala, El Salvador y Nicaragua, amenazando con desestabilizar a toda la región. Todo esto en medio de un escenario de la Guerra Fría y las luchas geopolíticas entre Estados Unidos y la Unión Soviética, lo cual dejó miles de muertos, violaciones a los derechos humanos y crisis humanitarias.

Inspirados en los esfuerzos del Grupo de Contadora 02 liderado por México, Colombia, Venezuela y Panamá para poner fin a los conflictos en la región; los Acuerdos de Paz en Centroamérica, Esquipulas (埃斯基普拉斯，危地马拉城市) I (1986) y II (1987) se constituyeron en hitos históricos que cambiaron para siempre la dinámica y el rostro de la región.

Esta iniciativa puso en marcha un proceso de pacificación regional con los centroamericanos como únicos protagonistas y responsables directos de su éxito o de su fracaso. Los Acuerdos de Esquipulas además contribuyeron a institucionalizar la democracia y representaron también el impulso político reciente de la integración regional.

Reanudar la paz y la democracia es un imperativo (m. 原则) intergeneracional impostergable (adj. 刻不容缓的) para enfrentar la desigualdad y los problemas estructurales que nos impiden vivir en una democracia plena, abrazar una cultura de paz y no violencia y tener un desarrollo equitativo en el que nadie se quede atrás.

El SICA (Sistema de Integración Centroamericana)

La integración es un hecho histórico que demuestra la capacidad política y la persistencia histórica de los pueblos de las naciones de Centroamérica y del Caribe. Nació con la Organización de Estados Centroamericanos (ODECA), el 14 de octubre de 1951, y su marco de referencia es el Protocolo de Tegucigalpa, firmado el 13 de diciembre de 1991.

En 2010 tuvo lugar el relanzamiento del proceso de la Integración Centroamericana, cuando los jefes de Estado y de Gobierno de los países miembros del SICA identificaron

Rincón cultural

Grupo de Contadora，孔塔多拉集团。1983年1月，墨西哥、委内瑞拉、哥伦比亚、巴拿马四国外长在巴拿马的孔塔多拉举行会议，表示四国将联合起来，为调解冲突、和平解决中美洲问题作出努力，史称孔塔多拉集团。孔塔多拉集团进行了频繁的外交斡旋活动，一再呼吁美国政府不要插手中美洲国家内部的事务，并致电苏联、古巴领导人，要求他们对该地区的和平作出实际行动。

los pilares prioritarios de la región: seguridad democrática, prevención y mitigación de los desastres naturales y de los efectos del cambio climático, integración social, integración económica y fortalecimiento institucional.

El 28 y 29 de junio de 2017, los jefes de Estado y de Gobierno de los países miembros del SICA establecieron y aprobaron por unanimidad la Agenda Prioritaria para la región, alineando dicha agenda con los Objetivos de Desarrollo Sostenible.

Nota bibliográfica

➡ 福斯特. 中美洲史 [M]. 张森根, 陈会丽, 译. 上海：东方出版中心, 2016.
➡ 谷俊娟. 危地马拉 [M]. 北京：社会科学文献出版社, 2022.
➡ 韩晗, 杨志敏. 洪都拉斯 [M]. 北京：社会科学文献出版社, 2023.
➡ 秦善进, 牛淋. 多米尼加 [M]. 北京：社会科学文献出版社, 2021.
➡ 汤小棣, 张凡. 尼加拉瓜 巴拿马 [M]. 北京：社会科学文献出版社, 2009.
➡ ULKU H, ZAOURAK G. Destacando el potencial de crecimiento de América Central [R]. Washington D. C.: Banco Mundial, 2021.

Actividades

I. 将下列国家与它的首都连接起来。

Costa Rica	Belmopán
Panamá	Ciudad de Guatemala
Guatemala	San Salvador
Nicaragua	Tegucigalpa
Belice	Managua
El Salvador	San José
Honduras	ciudad de Panamá

II. 阅读下文，美国联合果品公司在中美洲的斑斑劣迹说明了什么？这是美国对拉美的哪种干涉？

La United Fruit Company en Centroamérica

La United Fruit Company era una compañía multinacional estadounidense que producía y comercializaba frutas tropicales como bananas, piñas, ciruelas (f. 李子), en grandes plantaciones ubicadas principalmente en Centroamérica y el Caribe. Esta compañía concentró un gran poderío económico, fue acusada de corrupción política y de la brutal explotación de los campesinos que trabajaban en sus plantaciones. En la actualidad, todavía existe bajo el nombre de United Brands Company.

La historia de la United Fruit Company representa la evolución de muchas empresas en la época de la segunda revolución industrial y el proceso de grandes concentraciones de capital. La historia de esta compañía comienza con la de Minor Keith, un empresario norteamericano que instaló ferrocarriles en Costa Rica, en 1871. Luego, Keith usó esos ferrocarriles para el transporte de bananas y más tarde utilizó sus ganancias para comprar campos de cultivo de bananas en Costa Rica, Guatemala, Nicaragua, El Salvador y Honduras. El negocio prosperaba. Pero en 1899, la empresa de Keith dio bancarrota, por lo cual debió fusionarse con una compañía competidora. De la unión entre ambas nació la multinacional United Fruit Company.

La nueva compañía llegó a ser la propietaria de enormes plantaciones de frutos tropicales, barcos de carga y ferrocarriles. También controlaba cerca de 30 empresas más, instaladas en Estados Unidos. Este es un buen ejemplo de capitalismo monopólico, la unión de un grupo de capitalistas que consiguen así el control de una gran parte de la producción de un rubro (m. 项目，种类). La consecuencia directa es la concentración de la riqueza en pocas manos.

La United Fruit Company fue acusada de explotar a sus trabajadores, así como de corrupción con los gobiernos para beneficiar sus intereses económicos, una práctica que produjo episodios como el de la Masacre de las Bananeras, una protesta de 25 000 trabajadores agrícolas colombianos que fue reprimida por el gobierno y le costó la vida a más de mil campesinos. La empresa fue acusada de darle dinero al gobierno para que reprimiera.

El término despectivo (adj. 贬义的) *república bananera* se utiliza desde entonces para denominar a aquellos países cuyos gobiernos son aliados de empresas privadas que tienen influencia directa en su política.

Lectura complementaria

Reseña histórica del canal de Panamá

Entre los más grandes esfuerzos pacíficos de la humanidad que han contribuido significativamente con el progreso en el mundo, la construcción del Canal se destaca como un logro que inspira admiración, porque hizo realidad el sueño de siglos de unir los dos grandes océanos.

En 1534, Carlos V de España ordenó el primer estudio sobre una propuesta para una ruta canalera a través del istmo de Panamá. Más de tres siglos transcurrieron antes de que se comenzara el primer esfuerzo de construcción. Los franceses trabajaron por 20 años, a partir de 1880, pero las enfermedades y los problemas financieros los vencieron.

En 1903, Panamá y Estados Unidos firmaron un tratado mediante el cual Estados Unidos emprendió la construcción de un canal interoceánico para barcos a través del istmo de Panamá. El año siguiente, Estados Unidos compró a la compañía francesa del canal de Panamá sus derechos y propiedades por $40 millones y comenzó la construcción. Este monumental proyecto fue terminado en 10 años a un costo aproximado de $387 millones. Desde 1903, Estados Unidos ha invertido cerca de $3 mil millones en la empresa canalera, de los cuales aproximadamente dos tercios fueron recuperados.

La construcción del canal de Panamá conllevó tres problemas principales: ingeniería, saneamiento y organización. Su exitosa culminación se debió mayormente a las destrezas en ingeniería y administración de hombres tales como John F. Stevens y el coronel George W. Goethals, y a la solución de inmensos problemas de salubridad por el coronel William C. Gorgas.

Los problemas de ingeniería incluían cavar a través de la Cordillera Continental, construir la represa (f. 水坝) más grande del mundo en aquella época, diseñar y construir el canal de esclusas (f. 船闸) más imponente jamás imaginado, construir las compuertas (f. 水门，闸门) más grandes que jamás se han colgado, y resolver problemas ambientales de enormes proporciones.

En 1977, Estados Unidos y Panamá se unieron en una asociación para la administración, operación y mantenimiento del canal de Panamá. De acuerdo con dos tratados firmados en una ceremonia en las oficinas de la OEA en Washington D. C., el 7 de septiembre de 1977, el Canal debía ser operado hasta el final del siglo bajo arreglos diseñados para fortalecer los lazos de amistad y cooperación entre los dos países. Los tratados fueron aprobados en Panamá en un plebiscito (m. 公民

投票) el 23 de octubre de 1977 y el Senado de Estados Unidos dio su aprobación y consentimiento para su ratificación en marzo y abril de 1978. Los nuevos tratados entraron en vigor el primero de octubre de 1979.

La Comisión del Canal de Panamá, una agencia del gobierno de Estados Unidos, operó el Canal durante la transición de 20 años que comenzó a partir de la implementación del Tratado del Canal de Panamá el primero de octubre de 1979. La Comisión funcionó bajo la supervisión de una junta binacional formada por nueve miembros. Durante los primeros 10 años del período de transición, un ciudadano estadounidense sirvió como administrador del Canal y un panameño era el subadministrador. A partir del primero de enero de 1990, de acuerdo con lo establecido por el tratado, un panameño sirvió como administrador y un estadounidense como subadministrador.

La Comisión del Canal de Panamá reemplazó a la antigua Compañía del Canal de Panamá, la cual junto con la antigua zona del Canal y su gobierno, desapareció el primero de octubre de 1979. El 31 de diciembre, tal como lo requería el tratado, Estados Unidos transfirió el Canal a Panamá.

La República de Panamá asumió la responsabilidad total por la administración, operación y mantenimiento del canal de Panamá al mediodía, hora oficial del este, del 31 de diciembre de 1999. Panamá cumple con sus responsabilidades mediante una entidad gubernamental denominada Autoridad del Canal de Panamá, creada por la Constitución Política de la República de Panamá y organizada por la Ley 19 del 11 de junio de 1997.

La Autoridad del Canal de Panamá es la entidad autónoma del gobierno de Panamá que está a cargo de la administración, operación y mantenimiento del canal de Panamá. La operación de la Autoridad del Canal de Panamá está basada en su ley orgánica y los reglamentos aprobados por su junta directiva.

La administración del Canal sigue comprometida con el servicio al comercio mundial con los niveles de excelencia que han sido tradicionales en la vía acuática a través de su historia. Con inversiones prudentes en mantenimiento, programas de modernización y de capacitación, el Canal continuará siendo en el futuro una arteria (f. 动脉，要道) de transporte viable y económica para el comercio mundial.

UNIDAD 12
CUBA Y EL CARIBE
古巴和加勒比地区

导 读

　　作为交通枢纽，加勒比地区是通往美洲的门户，也是最早被卷入世界权力之争的区域。西班牙、英国、法国与荷兰等国都曾在此建立殖民地，该地区至今尚有许多仍未独立的地区。美国同样看重加勒比地区的战略意义，在1983年提出加勒比盆地倡议，旨在通过免征关税等手段推动与该地区的贸易往来。

　　在所有的加勒比国家中，古巴最为与众不同。它位于加勒比海地区最大的岛屿古巴岛上，领土还包括青年岛等1 600多个岛屿，是加勒比地区最大的岛国，也是最后一个摆脱西班牙殖民统治的拉美国家，在此之后的五十多年里沦为美国的保护国，又在古巴革命后实现社会主义转型，成为第一个与新中国建立外交关系的拉美国家，目前是西半球唯一的社会主义国家。

　　古巴被称为"世界上最甜的岛国"。除了古巴所具有的发展蔗糖种植得天独厚的天然条件外，源于殖民地时期并一直延续至19世纪末的欧美市场对食糖的需求也加剧了甘蔗在古巴的单一种植。这一方面使蔗糖产业成为古巴的经济主导，另一方面，也在19世纪初成为阻碍古巴独立的主要障碍。古巴从1868年开始经历了两次独立战争方才在1898年美西战争之后摆脱了西班牙人的殖民统治。与此同时，与古巴咫尺之隔的美国垂涎已久，古巴政府随即沦为美国的傀儡。

　　直至1959年，古巴革命的胜利彻底摧毁了旧的国家机器，建立起以卡斯特罗（Castro）为核心的革命政权。革命政府对旧的经济制度和生产关系进行了改造，建立起新的革命秩序和社会民主，没收了美国在古巴的全部资产，彻底从长期依赖美国的状态中摆脱出来。面对以"猪湾事件"（Bahía de Cochinos）为代表的美国对新生古巴的种种敌意和干涉企图，1961年，古巴宣布走上社会主义道路。苏联解体、东欧剧变之后，古巴经济面临巨大压力，古共中央和古巴政府开启了对原有计划经济进行改革的新的经济改革发展进程。

　　中古友好关系源远流长。在古华人不仅曾为该国蔗糖经济作出贡献，还积极参与古巴独立战争，在经济、政治和宗教等方面实现跨文化融合，见证了古巴的独立和发展。古巴建国后，始终与中国政府在政治、经济、外交、文化等领域保持密切沟通和合作。当前，中古合作硕果累累，双边关系稳定发展，两国人民的友谊也将续写更加绚丽的华章。

Textos

Cuba

Cuba, oficialmente República de Cuba, con una superficie de 109 884 km^2, es un país soberano insular, asentado en la isla de Cuba, la más grande de las Antillas del mar Caribe. La población del país es de 11.1 millones. La isla de Cuba tiene origen orogénico (adj. 造山运动的), cuenta con excelentes y abundantes puertos naturales; los más notables son los de La Habana —la capital—, Cárdenas, Matanzas y Nuevitas en la costa norte, y Guantánamo, Santiago de Cuba y Cienfuegos en la costa sur.

Cuba es un Estado socialista de derecho y justicia social; con un sistema político de partido único gobernado por el Partido Comunista de Cuba (PCC) que se fundó en 1965. El territorio está organizado en quince provincias y un municipio especial con La Habana como capital y ciudad más poblada.

La historia de Cuba se divide en cuatro etapas fundamentales: la comunidad primitiva o precolombina, la etapa colonial (1492–1898) que abarca desde la llegada de Colón hasta las luchas por la independencia nacional. Antecedido por la guerra hispano-norteamericana y la ocupación militar de Estados Unidos en Cuba (1899–1902), el período neocolonial comprende desde la instauración de la República (1902) hasta 1958. El período de la Revolución en el poder (1959 hasta la actualidad) marca una nueva etapa en la historia y la sociedad a partir del triunfo de la Revolución cubana.

Después de más de tres años de lucha armada desde el Movimiento 26 de Julio de 1955 encabezado por Fidel Castro y por el Directorio revolucionario, el 1 de enero de 1959 se estableció la nueva República de Cuba. Desde entonces Cuba fue un punto de alta conflictividad entre la Unión Soviética y Estados Unidos, en el marco de la Guerra Fría, al punto de llevar a ambas naciones al borde de una guerra nuclear durante el desarrollo de la Crisis de los Misiles de 1962.

Economía de Cuba

En las últimas décadas del siglo XVIII la isla de Cuba inició un veloz crecimiento económico, sustentado en la explotación de la caña de azúcar y su exportación masiva a Europa. El auge azucarero transformó completamente la sociedad cubana y la sacó del aislamiento en que había permanecido por siglos. Por otra parte, cientos de miles de esclavos negros fueron instalados en la isla como mano de obra de las plantaciones e ingenios (m. 蔗糖厂) azucareros, lo que cambió la estructura étnica de la población de la isla.

A fines de los años cincuenta del siglo XX, Cuba presentaba una estructura económica con marcados rezagos (m. 落后) tecnológicos e insuficiente desarrollo industrial. Durante el período 1959–1989, el producto interno aumentó a una tasa media anual aproximada del 4 % y la política económica asignó al Estado un papel relevante en la producción de bienes y servicios, con marcado predominio de la planificación sobre los mecanismos del mercado en la regulación de la actividad económica.

Al amparo de los arreglos con los países socialistas, el país contó con mercados seguros para sus exportaciones; una relación de intercambio favorable (algo menos en los años ochenta); y un generoso financiamiento de la balanza de pagos. Con ineficiencias notorias, se incrementó el acervo (m. 财富，财产) de bienes de capital y se expandió la infraestructura física; se amplió la capacidad de embalses de agua, se modernizó la red ferroviaria y se construyeron autopistas, carreteras y caminos rurales. Se avanzó en la electrificación del país. Se realizaron fuertes inversiones en el desarrollo de recursos humanos, particularmente en los sectores de salud, educación, cultura y deporte.

04 Rincón cultural

Crisis de los Misiles，古巴导弹危机，是1962年冷战时期在美国、苏联与古巴之间爆发的严重政治、军事危机。事件爆发的原因是苏联为应对美国在意大利和土耳其部署弹道导弹的举措，在古巴部署了类似的弹道导弹，进一步导致对抗升级为一场世界危机。通常被认为是冷战时期最接近升级为全面核战争的紧张时刻。

05 Rincón cultural

auge azucarero，蔗糖繁荣，18世纪后半期，古巴蔗糖经济开始快速发展，成为西班牙繁荣的产糖殖民地。

06 Nota lingüística

economía de planificación，计划经济，这里的意思是古巴用计划经济来调控经济行为和市场机制。

Actualmente figuran entre los principales sectores económicos el turismo, el níquel (m. 镍), el tabaco, el ron (m. 朗姆酒), el café y la caña de azúcar. Asimismo, la farmacéutica y la biotecnología y la prestación de servicios especializados (salud, educación, deporte, cultura, etc.) en otros países, se han convertido en los últimos años en rubros fundamentales de la economía cubana.

Conocer el Caribe

Las islas del Caribe se dividen en tres grandes grupos: las Grandes Antillas (o Antillas Mayores) (大安的列斯群岛), las Pequeñas Antillas (o Antillas Menores) (小安的列斯群岛) y las Bahamas. Las Grandes Antillas están constituidas por Cuba, Jamaica, La Española y Puerto Rico. Las Pequeñas Antillas se extienden describiendo un arco desde Puerto Rico a la costa noreste de América del Sur; comprenden las islas Vírgenes, las islas de Barlovento (entre las que se incluyen Barbados y Trinidad y Tobago) y las islas de Sotavento (un grupo isleño al que pertenecen las antiguas Antillas Neerlandesas[1] y varias islas y archipiélagos venezolanos incluidos en las Dependencias Federales y en el Estado Nueva Esparta). Las Bahamas están situadas al norte de las Antillas Mayores y al sureste de Florida, técnicamente la ubicación de las Bahamas se encuentra en el océano Atlántico Norte, y no en el Caribe, pero a veces las Bahamas son abarcadas como islas del Caribe.

La conquista y colonización de las islas del Caribe tuvo características muy diferentes a las del resto del Imperio español en América. Los ataques de los piratas ingleses, holandeses y franceses, la rápida extinción de la población indígena local y la falta de recursos minerales abundantes, como en otras regiones de América, fueron

Rincón cultural

Dependencias Federales，联邦属地，是委内瑞拉北部的一个行政单位，位于加勒比海上，由12个岛屿和群岛组成。

07

08

Rincón cultural

Las Bahamas，巴哈马群岛，是西印度群岛的三片群岛之一，虽然它被认为是加勒比海地区的海岛群，实际上却并不在加勒比海内，而是位于佛罗里达海峡口外的北大西洋上。巴哈马也属于加勒比国家。西印度群岛自北向南分为巴哈马、大安的列斯、小安的列斯三大群岛，即加勒比地区群岛。"西印度"这一名称，实际上是来自哥伦布的错误观念。

1　原荷属安的列斯，2010年解体。

factores que impulsaron la temprana decadencia de la región, que a inicios del siglo XVII había pasado a ser un lugar de segunda importancia en el continente americano.

A pesar de todo ello, el valor estratégico de las islas del Caribe llevó a los monarcas españoles a implementar un poderoso sistema de defensas militares en los centros urbanos más importantes, como La Habana, Santo Domingo y San Juan de Puerto Rico, puntos vitales para la seguridad del sistema de flotas transatlánticas. Ello no impidió la caída de numerosas islas en manos de otras potencias europeas, pero ayudó a mantener el control de las regiones más importantes, como Cuba, Puerto Rico y la región oriental de la isla La Española.

La base económica de la región Caribe es variada, se destacan la agricultura, la ganadería, la minería, la industria, el turismo y el transporte marítimo. En su mayoría, las ventas al exterior del Caribe corresponden al sector minero-energético, que fueron más del 60 % del total. Entre el restante menos del 40 %, destacan los sectores de industria básica, agropecuario, agroindustrial e industria liviana (轻工业). Las Bahamas es el país con el producto interno bruto (PIB) per cápita más alto del Caribe. Estados Unidos sigue siendo el principal actor en materia de comercio e inversión extranjera directa (IED) en la región, excluido en Cuba.

El Caribe ha sido históricamente una zona estratégica muy importante por ser la puerta de entrada a América. Los españoles consideraban que quien dominaba este mar tenía el control de América. De ahí que Estados Unidos le arrebató (tr. 抢夺) este dominio a España durante la guerra hispano-norteamericana de 1898, logrando desplazar a España de la cuenca del Caribe, a través de su intervención directa en la guerra de independencia cubana. En simultáneo, se fue produciendo —lenta pero sostenidamente— el reemplazo de Gran Bretaña como potencia económica y militar del área.

En el Caribe le espera todo un mundo vacacional

09 ¿Lo sabías?

这里为什么说西班牙控制了西班牙岛的东侧？东侧是今天哪个国家？西侧呢？查看地图，回答这个问题。

10 ¿Lo sabías?

你还记得第一课我们学过共有多少加勒比国家吗？对照地图，回忆一下。

Rincón cultural

1898年的美西战争标志着西班牙作为殖民帝国的彻底没落。美国也就此攫取了西班牙在拉美和亚洲最后的利益。西班牙完全放弃古巴，割让波多黎各和关岛等原殖民地给美国，此外，西班牙以2 000万美元的代价，把吕宋（菲律宾）卖给美国。西班牙自此完全丧失美洲及太平洋的殖民地。

durante los tiempos calurosos, con playas perfectas, docenas de lugares para explorar, mares gloriosos, limpios cielos azules, paisajes majestuosos, comida fina, alojamientos lujosos... todo bajo el calor moderado del sol caribeño. Cada una de ellas le ofrece un incomparable sol tropical y calor humano para rato, así como un haz (m. 束、捆，量词) de múltiple colorido con zonas de un verde frondoso (adj. 枝叶茂盛的) y otras de vegetación xerófila (adj. 适旱的) y clima semiárido (adj. 半干旱的), con playas kilométricas y de un majestuoso mar azul eterno, parajes solitarios, urbes (f. 大城市) palpitantes (adj. 跳动的，激动人心的) y pueblos arraigados en la más genuina tradición. Estos son apenas algunos de los aspectos que distinguen a cada una de las zonas del Caribe. Por otro lado, sus habitantes son gente hospitalaria, alegre, bulliciosa (adj. 喧闹的，嘈杂的) y con una solidaridad que abruma (tr. 压得喘不过气来，压倒), de hablar rápido y salpicado (adj. 遍布星星点点之物的) de picardía (f. 下流言行，狡猾) que ha conquistado a todos los que visitan esta tierra de gracia.

Paisaje de las Bahamas

Iniciativa de la Cuenca del Caribe (ICC)
(加勒比盆地倡议)

La Iniciativa de la Cuenca del Caribe (ICC) es un programa económico que surgió a raíz de la Ley de Estados Unidos para la Recuperación Económica de la Cuenca del Caribe de 1983; contiene medidas arancelarias y de comercio, con el fin de dar un impulso a la economía regional mediante llevar a cero los aranceles a los productos de los países beneficiados. La iniciativa se encuentra en vigencia desde el 1 de enero de 1984 y es revalidado periódicamente a voluntad del país que la otorga.

Los productos afectados por la ICC (provenientes de Centroamérica y las islas del Caribe), gozan de entrada libre de impuestos a Estados Unidos. Una vez que el producto ha ingresado, el mismo se ve sometido a todos los impuestos federales internos.

¿Lo sabías?

加勒比盆地是一个多元的概念，在地缘政治领域是指加勒比海沿岸的发展中国家，包括墨西哥、委内瑞拉、哥伦比亚、中美洲国家和加勒比国家。美国的"加勒比盆地倡议"只包括中美洲和加勒比国家。

Mapa del Caribe

Nota bibliográfica

➡ 吉布森.帝国的十字路口：从哥伦布到今天的加勒比史 [M]. 扈喜林，译.北京：社会科学文献出版社，2018.

➡ 徐世澄，贺钦.古巴 [M]. 2 版.北京：社会科学文献出版社，2018.

Actividades

I. 用西班牙语解释下列表达。

1. Revolución cubana
2. auge azucarero
3. economía de planificación
4. Crisis de los Misiles
5. ICC
6. período neocolonial
7. guerra hispano-estadounidense

II. 查阅资料，请按照下列关键词，进一步熟悉古巴革命的历程。

ataque al cuartel de Moncada
La historia me absolverá
Movimiento 26 de Julio
el comandante Che
desembarco del Granma en 1956
guerrilla en la sierra Maestra

III. 思考与讨论。

1. 查阅资料，想一想美国为什么要开展加勒比盆地倡议？要达到什么目的？
2. 古巴著名诗人米格尔·巴尔内特（Miguel Barnet）于 1993 创作的诗歌《中国人》表达了对新时代中国人到达古巴开展商业活动的欢呼和喜悦之情，这首诗今天铭刻在哈瓦那孔子学院门口的铜牌上。阅读这首诗，结合本课的补充阅读，说一说这首诗描写了中古交往的哪些不同阶段？你能展开谈谈 1960 年中古建交后，两国和两国人民之间的交往和友谊吗？

Los chinos

Ahí vienen los chinos
detrás de sus abanicos
los chinos de China milenaria,
los que huelen a bambú
y a té verde

¿Qué haremos con ellos,
con los chinos de China?
¿Les enseñaremos a bailar conga
y a tomar café?
No queremos más chinos suicidas,
ya tuvimos bastantes colgados
de las matas, de guásima
en las haciendas de la esclavitud
y eran también los chinos de China
sin linaje
pero con el médico chino de Cantón
y el chino de la charada (f. 字谜)
con su coleta (f. 发辫，辫子) engomada (adj. 讲究的，衣冠楚楚的)
Ahora llegan los chinos con sus trajes de lino (m. 亚麻)
y sus papeles firmados
y también con cajas de mimbre (m. 柳条)
con telas satinadas (adj. 加光泽的)
y bálsamos (m. 香脂) de olor
¡Qué bueno que ahora vengan
los chinos de China
a bailar conga
y a tomar café con Mamá Inés
y todos los negros de Cuba!
Y a juntar su paciencia a la nuestra
en un gran ajiaco (m. 古巴菜，什锦乱炖)
Los chinos de China detrás de sus abanicos,
con su dragón y sus danzas marciales,
los chinos rojos, modernos,
sin pipas de opio ni charada,
pero antiguos igual
hijos de Confucio y de Lao Tse,
los chinos de China milenaria,
los chinos.

Lectura complementaria

Los trabajadores chinos en Cuba

Cuba, a lo largo de la historia, es uno de los primeros países extranjeros a que los chinos inmigraban. Los dos países tuvieron los primeros contactos cuando esa isla caribeña se encontraba en la época colonial de los españoles y en el mismo tiempo, en China, la dinastía Qing. El embarque del buque español que llevó cientos de chinos desde Xiamen a la Habana en 1847 marcó el inicio de la historia de las inmigraciones del país asiático a la isla hispanohablante en el mar Caribe. Desde entonces hasta hoy día, con más de un siglo y medio ya pasado, los inmigrantes chinos han dejado huellas profundas en casi todos los aspectos de la sociedad cubana, los cuales se han considerado contribuyentes importantes en el proceso de desarrollo del país residencial.

La primera presencia china en Cuba se remontaba al 1847. En el siglo XIX, la industria azucarera de Cuba estuvo en el auge histórico ocupando el primer puesto mundial en su producción. A la industria, que era muy trabajosa, faltaban muchas labores. Sin embargo, en las haciendas de caña de azúcar y los centrales azucareros había una escasez de brazos. Como consecuencia, durante 1847–1874, más chinos llegaron a Cuba para trabajar en estas plantaciones azucareras.

El espíritu de rebeldía de los chinos frente a la opresión de todo tipo se hizo presente en los chinos de Cuba desde los primeros años de su llegada a la Isla. Su condición marginada en la estratificación (f. 分层) social colonial dio lugar a que muchos de ellos se incorporaran a las guerras independentistas. Centenares de miles de trabajadores chinos jugaron un papel importante e imborrable durante los 30 años de guerra para la independencia de Cuba, luchando heroicamente contra la dominación colonialista española y sacrificando su vida por la causa de la liberación nacional.

En 1926, dos importantes organizaciones chinas publicaron el folleto titulado *Legítimas aspiraciones de la colonia china de Cuba*. Se declaraba en aquella publicación: «... muchos de nuestros asociados prestaron su concurso generoso y decidido a la causa de la independencia de Cuba, luchando con bravura por la libertad de este país, mereciendo como se ha dicho en libros, folletos, diarios, discursos, los juicios más elevados y más patrióticos, desde el apóstol de la Independencia cubana, José Martí, hasta Gonzalo de Quesada, otro prócer (m. 要人，名士) que tiene nuestro respeto. Consecuente con la labor a que contribuimos con nuestro esfuerzo, la Cámara de Comercio China de Cuba y la Asociación de la Colonia

China de Cuba, en todos los días de tristeza o de alegrías de esta Nación, se suman al hondo sentimiento patriótico cubano, ya enviando comisiones y coronas a las estatuas y las tumbas de sus héroes o ya aplaudiendo la obra de los guerreros cubanos. Tan hondamente arraigado (adj. 生根的，根深蒂固的) está este amor nuestro por esta hospitalaria tierra, que ya hemos acordado levantar en la capital de la República un monumento que perpetúe el esfuerzo y el heroísmo de los chinos que murieron por la Independencia de Cuba...».

En el año 1931, el pueblo cubano construyó un monumento en una de las avenidas más importantes de La Habana en conmemoración de las contribuciones de los heroicos chinos en la Independencia de Cuba. En lo más alto del pedestal, reza una inscripción: «No hubo un chino cubano desertor, no hubo un chino cubano traidor», frase expresada por Gonzalo de Quesada, uno de los generales más victoriosos del Ejército cubano. En el monumento erigido a los héroes, se inscribieron los nombres más ilustres de aquellos chinos.

Hoy en día se estima que hay 60 mil descendientes chinos en Cuba aproximadamente, la mayoría de ellos son de la segunda o tercera generación.

UNIDAD 13
VENEZUELA Y EL NORTE
委内瑞拉和北部地区

导 读

　　委内瑞拉玻利瓦尔共和国位于南美洲北部，其国名源自意大利语的"小威尼斯"，享有"天赐之国"的美誉，在自然与人文方面体现出丰富的多样性。

　　作为拉美最早宣布独立的国家之一，委内瑞拉被誉为"美洲革命的摇篮"，从这里走出了以西蒙·玻利瓦尔（Simón Bolívar)、米兰达（Miranda）和苏克雷（Sucre）为代表的一批著名的独立运动领袖。独立后，委内瑞拉曾是大哥伦比亚共和国的一部分，之后经历过一段动荡岁月，直至20世纪中叶逐步实现了民主政治的稳定发展，与同一时期的大多数拉美国家形成鲜明对比。传统上，委内瑞拉右翼势力较强，民主行动党和基督教社会党两党长期轮流执政。1998年，军人出身的左翼运动领导人乌戈·查韦斯（Hugo Chávez）打破传统上两党轮流执政的局面，当选为委内瑞拉总统。1999年，为纪念独立领袖，委内瑞拉通过新的《玻利瓦尔宪法》，新宪法将国名从委内瑞拉共和国改为委内瑞拉玻利瓦尔共和国。

　　丰富的石油资源使委内瑞拉成为世界重要的石油生产和输出国。北部的马拉开波地区拥有委内瑞拉最重要的石油贮藏地和石油工业中心，面向加勒比海的马拉开波港是世界著名的石油输出港。由于地理位置和经济现实，传统上美国是委内瑞拉最大的贸易伙伴和最大的石油进口国。新世纪以来，中国日益成为委内瑞拉能源出口多元化最重要的合作伙伴。

　　然而，基于单一能源基础的发展模式存在很大风险，高度依赖石油的单一经济模式使委内瑞拉的经济和社会发展严重受制于国际市场。油价的上升曾见证该国数十年的经济繁荣，但油价的下跌也屡次影响国计民生，甚至引发严重的社会和政治危机。当前，委内瑞拉依旧面临严重的本币贬值、通货膨胀、民众抗议、人才外流和贫富差距扩大等问题。

　　委内瑞拉东侧是圭亚那、苏里南和法属圭亚那，它们曾分别被英国、荷兰和法国殖民，后来前两者独立，而法属圭亚那至今仍受法国中央政府的直接管辖。相比其他南美国家，它们的知名度相对较低，但同样值得我们的关注。

Textos

Venezuela

El país de Venezuela, oficialmente conocido como la República Bolivariana de Venezuela, se ubica en la costa norte del continente sudamericano, cuya capital y mayor aglomeración (f. 聚集) urbana es la ciudad de Caracas. Ubicándose al norte del Ecuador, el país limita al norte, con el mar Caribe o mar de las Antillas, con una extensión de 2813 km; al sur, con la República de Brasil con 2000 km de frontera; al este, con el océano Atlántico y la República de Guyana con la que tiene una línea fronteriza de 743 km; y al oeste, con la República de Colombia en una extensión de 2050 km. Su territorio abarca aproximadamente 916 400 kilómetros cuadrados, en donde vive una población estimada en 32.2 millones de habitantes.

Venezuela está organizada como una república federal presidencialista que está conformada por 23 estados, el Distrito Capital (incluyendo la ciudad capital de Caracas), y las Dependencias Federales (incluyendo las islas extraterritoriales de Venezuela). El territorio de la Guayana Esequiba es la zona reclamada por Venezuela.

Venezuela es el hogar de la cascada (f. 瀑布) más alta del mundo, el Salto Ángel (安赫尔瀑布，是世界上海拔最高的瀑布) y posee el segundo río más largo de América del Sur, el Orinoco (奥里诺科河), también tiene la costa más larga en el mar Caribe. Desde una perspectiva natural, Venezuela es considerada un estado con una biodiversidad (f. 生物多样性) extremadamente alta, con hábitats (m. 动植物环境) que varían desde las montañas de los Andes en el occidente hasta la selva tropical de la cuenca del Amazonas en el sur, atravesando inmensas llanuras y con la costa caribeña en el centro y la ribera (f. 河岸，海岸) del río Orinoco en el oriente.

La población venezolana actual es producto de

¿Lo sabías?

islas extraterritoriales 的行政区划名叫什么？如果不记得，请回顾一下第十二课。

Rincón cultural

Guayana Esequiba 指圭亚那埃塞奎博河（Esequibo）西岸地区。委内瑞拉对此地区领土始终有主权要求。

01

02

Flora y fauna de Venezuela

un fuerte mestizaje, iniciado en los tiempos de la colonia entre la población indígena y la española. A final del siglo XVI, se observó un importante aporte de la población esclava procedente del continente africano. La cultura venezolana es un crisol (m. 熔炉) que integra fundamentalmente a tres familias distintas: la indígena, la africana y la española. Las dos primeras a su vez tenían culturas diferenciadas según las tribus. La transculturación y la asimilación, propias de un sincretismo (m. 合一) cultural, condicionaron para llegar a la cultura venezolana actual, similar en muchos aspectos al resto de América Latina, aunque el medio natural hace que haya diferencias importantes.

La distribución de la población no es equilibrada: más del 60 % de la población se agrupa en los valles y la cordillera de los Andes, creándose así grandes vacíos poblacionales al sur del eje fluvial Orinoco-Apure (阿普

雷河). Hay que señalar que más del 40 % de la población está asentada en los ocho complejos urbanos más importantes del país. En el sur de Venezuela y en parte de la región zuliana (adj. de Zulia，苏利亚州的) se localiza la mayor parte de la población indígena, que apenas alcanza un 1.5 % del total nacional. El 14 % de la población vive en áreas rurales.

Economía

La economía de Venezuela está orientada a las exportaciones de materias primas. La principal actividad económica de Venezuela es la explotación y refinación (f. 精炼) del petróleo para la exportación. Es el quinto exportador mayor de petróleo y posee las más grandes reservas de petróleo natural. Esta gran producción petrolera se extrae mayoritariamente de la cuenca del lago de Maracaibo (马拉开波湖) y de las cuencas Barinas (巴里纳斯州) -Apure y Oriental (东部地区，包括安索阿特吉、莫纳加斯和苏克雷州). El gobierno venezolano nacionalizó la industria petrolera en 1976, que la extracción y refinación está a cargo la empresa estatal Petróleos de Venezuela S.A. (PDVSA) (委内瑞拉石油公司). Venezuela es un miembro fundador de la Organización de Países Exportadores de Petróleo (OPEP). Otros minerales explotados con fines comerciales son hierro, bauxita (f. 铝土), carbón, oro, sal, fosfatos (f. 磷酸盐) y calizas (f. 石灰岩).

Desde el descubrimiento del petróleo a principios del siglo XX, Venezuela ha sido uno de los más importantes exportadores de petróleo del mundo. Anteriormente era un exportador subdesarrollado de productos agrícolas como café y cacao, pero el petróleo rápidamente dominó las exportaciones y las ganancias del gobierno. El dinero rápido que provino del petróleo también propició que se descuidara la agricultura y el desarrollo de otros tipos de producción. Era más fácil simplemente importar todo del extranjero, lo que funcionó por un tiempo, pero después resultó ser inviable.

A finales de la década de 1970, la creciente recesión internacional y el excedente petrolero comenzaron a agitar la economía de Venezuela hasta la raíz. Las ganancias petroleras disminuyeron, agudizando el desempleo y la inflación y forzando una vez más al país a adquirir deuda externa. La caída de los precios del petróleo en 1988 cortó los ingresos del gobierno a la mitad, que llevó el país a una crisis de deuda externa y una prolongada crisis económica. Corrupción, quiebras bancarias y créditos incobrables acosaron al gobierno durante la mitad de la década de 1990. Para finales de 1998, dos terceras partes de los 23 millones de habitantes de Venezuela estaban viviendo por debajo de la línea de la pobreza. El tráfico de drogas y el crimen habían aumentado.

La afortunada recuperación de los precios del petróleo después de 2001 impulsó la economía venezolana y favoreció el gasto social, que significativamente disminuyeron la inequidad y pobreza, aun cuando las repercusiones de la crisis global del 2008 generaron un nuevo reverso económico. En febrero de 2013, Venezuela devaluó su moneda debido a las crecientes crisis del país. Las escasez de bienes incluyeron papel de baño, leche, harina y otros bienes básicos. Desde entonces, la hiperinflación (f. 恶性通货膨胀) fue una de las principales causas de las protestas venezolanas. De acuerdo a las Naciones Unidas, más de 9.3 millones de venezolanos sufren de inseguridad alimentaria de moderada (adj. 温和的，有节制的) a grave: un tercio de la población. 7 millones de venezolanos necesitan asistencia humanitaria urgente. Más de 5.4 millones de venezolanos han huido del país.

Según el estudio ENCOVI (la Encuesta Nacional de Condiciones de Vida) de la nación sudamericana, la recuperación de la economía desde el año 2021 en Venezuela incidió (intr. 影响，产生效果) en una reducción de la pobreza en 2022 y se ubicó en 50.5 %, aunque las desigualdades de ingresos de las personas siguen ampliándose.

Política

En 1811, el país se convirtió en una de las primeras colonias hispanoamericanas en declarar su independencia, que no se estableció firmemente hasta 1821, cuando Venezuela fue incluida como un departamento de la república federal de la Gran Colombia. En el año 1830, Venezuela obtuvo su completa libertad como un país independiente. El período post-independiente en Venezuela fue marcado por serios problemas gubernamentales que siguieron hasta la mitad del siglo XX. Estos fueron tiempos de despotismo (m. 专制主义) y anarquía (f. 无政府主义), en los que el país era gobernado por una serie de dictadores militares conocidos como caudillos.

Desde 1958, el país ha tenido una serie de gobiernos democráticos. Los vaivenes (m. 沉浮) económicos de los ochenta y los noventa generaron diversas crisis políticas, incluyendo los mortales disturbios de El Caracazo (加拉加斯骚乱) de 1989, dos intentos de golpe de estado en 1992, y la destitución del presidente Carlos Andrés Pérez por abuso de fondos públicos en 1993. En la elección presidencial de 1998 un colapso en la confianza de los partidos existentes en Venezuela puso a Hugo Chávez, el líder del fallido golpe de estado de 1992, en la presidencia.

Tras aprobar una nueva constitución en 1999, Chávez centró sus políticas en implementar una serie de reformas sociales como parte de la llamada «Revolución Bolivariana». Por lo general, la gestión de Chávez ha mantenido una línea izquierdista que pretende llevar al país hacia lo que denomina el Socialismo del siglo XXI. Creó programas de ayuda y desarrollo social. Ha manifestado desagrado por el imperialismo político-económico que, según sus palabras, gestiona el gobierno

¿Lo sabías?

caudillo是什么意思？指哪些人？可以怎样译？如果不记得，请回顾下第五课。

Rincón cultural

"玻利瓦尔革命" "21世纪社会主义" 是查韦斯先后提出的委内瑞拉的发展主张及其实践，查韦斯强烈批判资本主义制度，认为 "21世纪社会主义" 的建设进程意味着一场以和平方式进行的社会主义革命。我国学者认为，"21世纪社会主义" 是拉美新自由主义发展模式变革过程中产生的一种新社会运动，是 "另一个世界" "替代资本主义" 的社会思潮的反映。（徐世澄，2010）

de Estados Unidos, con que mantiene una tensa relación. A su vez, ha fortalecido relaciones con Rusia, China, Vietnam, Cuba, Irán, Bielorrusia (白俄罗斯) y Siria.

Poderes del Gobierno Central

A partir de la Constitución de 1999, el Poder Público Nacional queda distribuido de la siguiente manera:

Poder Ejecutivo, es ejercido por el Presidente de la República, quien es el jefe de Estado, el Vicepresidente Ejecutivo y los Ministros.

El Poder Legislativo, se constituye en un parlamento unicameral (adj. 议会一院制的) que recibe el nombre de Asamblea Nacional de Venezuela, representado por Diputados.

El Poder Judicial, es ejercido por el Tribunal Supremo de Justicia (TSJ).

El Poder Ciudadano es ejercido por el Consejo Moral Republicano integrado por el Defensor del Pueblo, el Fiscal General de la República y el Contralor General de la República Bolivariana de Venezuela.

El Poder Electoral, es ejercido por el Consejo Nacional Electoral y cuenta con el apoyo de organismos subordinados tales como: la Junta Electoral Nacional, la Comisión de Registro Civil y Electoral, y la Comisión de Participación Política y Financiamiento.

Guyana, Surinam y la Guayana Francesa

En el territorio suramericano hay tres regiones que son desconocidas para la mayoría de la población. Se trata de Guyana, Surinam y la Guayana Francesa. Los dos primeros países son independientes y el último es un departamento de ultramar de Francia. Y aunque están ubicados en esta región, sus habitantes se identifican más con Europa, pues aún predominan las raíces de sus antiguos colonizadores.

Guyana fue una colonia británica hasta el 26 de

05 Rincón cultural

1999年新宪法的全称是《委内瑞拉玻利瓦尔共和国宪法》，新宪法共分9部分350条。新宪法确定了委内瑞拉新的政治体制，规定以五权相互制衡代替以往的三权分立。在原有的行政权、立法权和司法权的基础上增加了选举权（Poder Electoral）和公民权（Poder Ciudadano）。选举权由全国选举理事会行使，其下属机构有：全国选举委员会、公民和选民注册委员会、政治参与和财务委员会。公民权，又称道德权（Poder Moral），由共和国道德理事会行使，共和国道德理事会由人民卫士长、共和国总监察长和共和国总审计长组成。新宪法将原来国会的两院制改为一院制，名称为全国代表大会（Asamblea Nacional），简称国会。

mayo de 1966, día en que declaró su independencia. Es un país con una amplia diversidad cultural y sus partidos políticos están conformados de acuerdo a los grupos étnicos. El idioma oficial es el inglés, la capital es Georgetown y allí las costumbres tienden a ser más europeas, como se evidencia con su juego más popular: el criquet (m. 板球), de origen británico. Existen la barrera lingüística y las variables culturales que mantienen una distancia de Guyana con el resto de Suramérica, pues la lengua, la variedad religiosa, la comida y hasta la manera de conducir es diferente.

Venezuela y Guyana han mantenido por años un diferendo limítrofe (adj. 有相邻边界的). Venezuela reclama el 74 por ciento del territorio guyanés. Según los venezolanos, Guyana ha trazado una línea imaginaria que los favorece y esto implica un aumento en la riqueza en proyección submarina de petróleo.

En cuanto al entorno social, la Organización Mundial de la Salud (OMS) estima que 44.2 de cada 100 000 personas se suicidan en ese país, ocupando la tasa más alta en la región. Además, Guyana es el único país de Suramérica que considera un delito las relaciones homosexuales masculinas con penas entre dos años de cárcel y cadena perpetua.

Por su parte, Surinam, que antes era conocido como la Guayana Holandesa, declaró su independencia de los Países Bajos el 25 de noviembre de 1975 y desde entonces ha tenido una historia turbulenta en su organización política, con momentos críticos como un golpe de Estado en 1980. Su capital es Paramaribo y es el único país del continente cuyo idioma oficial es el neerlandés.

Dicho país cuenta con una amplia diversidad étnica y está dividido religiosamente entre católicos, hinduistas (adj. 印度教的), musulmanes y protestantes. Es así como es posible ver una sinagoga (f. 犹太教堂) y frente a ella una mezquita (f. 清真寺). No hay un plato típico que los identifique, pues hay una gran variedad gastronómica, especialmente de origen hindú.

Los partidos políticos también están conformados de acuerdo a los grupos étnicos, quienes representan los intereses específicos de cada uno.

Por otro lado, la Guayana Francesa sigue siendo un territorio controlado por Francia y su capital y ciudad más poblada es Cayena. Obtuvo la denominación de «departamento de ultramar» de Francia el día 19 de marzo de 1946.

Durante el siglo XIX y principios del XX fue la «cárcel» de los franceses, pues allí enviaban a miles de condenados, quienes quedaban relegados (relegar, tr. 流放) a permanecer hasta morir. Actualmente, algunos partidos independentistas reclaman su soberanía debido a su pasado colonial.

Su idioma oficial es el francés y las leyes son las mismas que se aplican en el territorio europeo. Es un pedazo de Francia en América del Sur, o sería como tener un pie en Europa. Sin embargo, hay mucho analfabetismo, problemas de drogas y una alta tasa de desempleo, por lo que gran parte de la población vive de las ayudas del Estado francés.

El puerto espacial de Kourou, también conocido como Centro Espacial Guayanés es un centro de desarrollo con potencial en la Guayana. Es para el lanzamiento de satélites y usado principalmente por la Agencia Espacial Europea, único de su género en Suramérica.

El desconocimiento de estos vecinos no es únicamente en Latinoamérica, pues según el último escalafón (m. 名 册) de comercio y turismo publicado por la consultora especializada Bloom Consulting, que evalúa la clasificación de 180 países, de las 46 regiones evaluadas en América Latina, Guyana ocupa el puesto 43 y a nivel mundial, el 156; mientras que Surinam se posiciona como último en la lista y 170 en el mundo.

Nota bibliográfica

➡ 焦震衡. 委内瑞拉 [M]. 2 版. 北京：社会科学文献出版社, 2015.

➡ 吴德明. 圭亚那 [M]. 北京：社会科学文献出版社, 2007.

Actividades

I. 把下表相关的内容连接起来。

Guyana	holandés	Paramaribo
Surinam	francés	Cayena
la Guayana Francesa	inglés	Georgetown

II. 下表列出了委内瑞拉哪些特点，它们给国家带来了什么？

VENTAJAS	DESVENTAJAS
recursos energéticos	mono-producto
refinación petrolera	devaluación del bolívar
potencial turístico	exceso de importación

III. 阅读下面的文章，结合课文，回答为什么委内瑞拉被称为"天赐之地"？在这样的自然禀赋之上，又为什么不能取得持久稳定的经济增长和社会发展？

Etimología (f. 词源) de Venezuela:

En 1498, Cristóbal Colón descubrió la tierra firme venezolana. En una carta a los Reyes Católicos denominó a este lugar «Tierra de Gracia» (天赐之地), expresión que ha prevalecido hasta el día de hoy como seudónimo (m. 化名，假名) del país. Al año siguiente, una expedición comandada por Alonso de Ojeda recorrió la costa del territorio hasta llegar al desagüe (m. 排水渠) del actual lago de Maracaibo, en un golfo localizado entre las penínsulas de Paraguaná (帕拉瓜纳

半岛）y de la Guajira. En aquella travesía, la tripulación observó las viviendas construidas por los indígenas, erigidas sobre pilotes (m. 桩子) de madera que sobresalían del agua. Dichos palafitos (m. 水上住宅) recordaron a Américo Vespucio la ciudad de Venecia —Venezia, en italiano—, según lo manifestó en una carta a Piero de Médici. Fue este un motivo que inspiró a Ojeda a dar el nombre de Venezziola o Venezuela —Pequeña Venecia— a la región y al golfo en que habían hecho el descubrimiento, recibiendo la denominación de golfo de Venezuela. El nombre acuñado (acuñar, tr. 使用，铸造) por el explorador envolvería luego a todo el territorio.

Lectura complementaria

Cultura de la República Bolivariana de Venezuela

La cultura venezolana es un mosaico que fusiona principalmente a tres familias diferentes: la indígena, la africana y la española.

La influencia indígena se limita a algunas palabras del léxico y a la gastronomía. La influencia africana del mismo modo, además de instrumentos musicales como el tambor. La influencia española fue más importante y en particular provino de las regiones de Andalucía y Extremadura, lugares de origen de la mayoría de colonos en la zona del Caribe durante la época colonial. Como ejemplo de ello se pueden mencionar las edificaciones, parte de la música, la religión católica y el idioma. Una influencia evidente española son las corridas de toros y ciertos rasgos de la gastronomía.

La República Bolivariana de Venezuela también se enriqueció por otras corrientes de origen antillano y europeo en el siglo XIX, en especial de procedencia francesa. En etapa más reciente, en las grandes ciudades y las regiones petrolíferas irrumpieron manifestaciones de origen estadounidense y de la nueva inmigración de origen español, italiano y portugués, aumentando el ya complejo mosaico cultural. Así por ejemplo de Estados Unidos llega la influencia del gusto por el béisbol y las construcciones arquitectónicas actuales.

Tradiciones

Los Diablos de Yare: En las zonas costeras de la República Bolivariana de Venezuela hay una influencia africana que se manifiesta en las danzas típicas de la región. La festividad del Corpus Christi es una celebración conocida popularmente a través del ritual mágico-religioso de los Diablos Danzantes de Yare, que se celebra desde el siglo XVIII en San Francisco de Yare, estado Miranda. Lo más emocionante de la jornada es ver a los Diablos danzar al son del repique (m. 连续敲) de la caja, un tambor típico. Bailan por las calles del pueblo para luego arrodillarse al unísono (一致地) frente a la iglesia, permaneciendo postrados (postrarse, prnl. 跪倒，拜倒) en señal de respeto al Santísimo Sacramento (圣体) mientras el sacerdote los bendice.

Esta festividad fue proclamada Patrimonio Cultural Inmaterial de la Humanidad por la UNESCO el 6 de diciembre de 2012.

Baile de San Juan: Los golpes de tambor son muy representativos de los pueblos de las costas venezolanas, especialmente de los estados Vargas, Aragua, Miranda y Carabobo. Se realizan, por lo general, en las festividades dedicadas a los santos patronos (m. 守护神), especialmente a San Juan Bautista, el 23 y 24 de junio, fecha de la llegada definitiva de las lluvias y el día más largo del año. San Juan Bautista es conocido como el santo del ritmo y del tambor. Se trata de la celebración del nacimiento del santo, (único santo junto con el Niño Jesús al que se le celebra el nacimiento) y reúne quizás la mayor cantidad de creyentes y devotos, en esta celebración se tocan el tambor Mina y la Curbata (tambor largo hecho de un tronco de árbol totalmente cilíndrico) (adj. 圆柱体的).

Virgen del Valle: En el estado Nueva Esparta, las grandes festividades de Margarita tienen lugar entre el 8 y el 15 de septiembre y corresponden a los festejos de la Virgen del Valle, patrona de la isla. A esta romería (f. 朝圣，迎神游行) que tiene lugar en la población de El Valle del Espíritu Santo, acuden margariteños y devotos desde todos los lugares de la República Bolivariana de Venezuela a pagar las promesas hechas a la Virgen.

Diversiones Pascuales: En las costas orientales venezolanas se celebran fiestas populares muy alegres y bulliciosas, abundan los bailes, la música, los ventorrillos (m. 小饭馆) de comida y golosinas. Entre sus manifestaciones típicas destacan las Diversiones Pascuales, festividades que comparten con otros pueblos del oriente venezolano y que se realizan después de la Navidad. Un ejemplo es La Burruquita que sale por las calles recogiendo dinero para luego en Carnaval presentarse con un atuendo (m. 服装) más rico y adornado.

Velorios de la Cruz de Mayo: En el estado Sucre se celebra cada mes de mayo los Velorios de la Cruz de Mayo, en la que se congregan cantadores y orquestas típicas formadas por bandolinas (f. 曼陀林琴), guitarras, cuatro y maracas (f. 响葫芦). Durante todo el mes de mayo en algunas ciudades de la República Bolivariana de Venezuela se pueden ver cruces adornadas con flores, frutas o papeles de muchos colores. Es la forma en que los lugareños le agradecen a la Cruz por los favores recibidos, o es la vía para hacer peticiones. La tradición también se celebra en el llano y en la costa central.

Carnaval Turístico Internacional de Carúpano: El Carnaval Turístico Internacional de Carúpano es una festividad celebrada en las calles y avenidas con desfile de carrozas (f. 节日花车), disfraces y comparsas (f. 化装人群), acompañados de conjuntos criollos y extranjeros que lucen trajes típicos.

Cantería de Reyes Magos: En la costa occidental del país, destaca el folclore del estado Falcón, el cual posee expresiones costumbristas y religiosas que ofrecen un sello de originalidad, y por esa circunstancia devienen en acentuado el incentivo turístico. En la Fiesta de los Reyes Magos, celebradas en el mes de enero, durante los días 6, 7 y 8, al sur del estado Falcón, en lo que se denomina «Cantería de Reyes Magos», se entonan (tr. 唱) versos y los parranderos (adj., s. 好欢闹的人) lanzan cohetes (m. 升空爆竹), cantan y tocan música alusiva (adj. 影射的，提及的) a la fiesta.

Polo Coriano: El Polo Coriano es una de las manifestaciones folclóricas más características de la idiosincrasia (f. 特性) del pueblo del estado Falcón. Se trata de un canto demostrativo de la rapidez del ingenio popular.

Carnaval de El Callao: Durante la celebración del Carnaval, en la población de El Callao, estado Bolívar caracterizado por organizar una serie de vistosas comparsas, reina El Calipso de El Callao. Los participantes con el acompañamiento de tambores cilíndricos ejecutan y bailan este particular género musical que presenta una notable influencia antillana.

San Benito: La importancia que tiene la religión cristiana para los andinos se pone de manifiesto con las tradiciones y costumbres que hoy persisten en la región. Son comunes las festividades como las de San Benito. En la zona occidental venezolana se rinde culto al santo negro desde el estado Zulia hasta el estado Trujillo. De diciembre a enero, estas fiestas contemplan giros y chimbangles (m. 一种非洲裔苏利亚人的文化表现形式) como ofrenda. En Mérida, específicamente en Mucuchíes, se celebra una de las fiestas de San Benito más coloridas y hermosas, una tradición que se ha conservado intacta a través de los años.

San Isidro Labrador: En honor a San Isidro Labrador, protector de las buenas cosechas de café, hortalizas y granos, se realiza anualmente en el estado Mérida una celebración los días 14 y 15 de mayo. La fiesta comienza el 14 en la mañana, cuando los danzantes y los habitantes del pueblo se congregan en la plaza para llevar la imagen del Santo a la iglesia. La tradición contempla bailes, desfiles de carrozas, procesiones y misas.

Paradura del Niño: Se celebra el 1 de enero o los primeros días de febrero en todo el estado Mérida y poblaciones del estado Trujillo y Táchira. Se refiere a una fiesta familiar en torno a la imagen del Niño Jesús, donde se comparten comidas y bebidas especiales, mientras villancicos (m. 圣诞颂歌) y aguinaldos (m. 节日礼物) alegran el ambiente.

Feria Internacional de San Sebastián: Se celebra en enero en la ciudad de San Cristóbal, estado Táchira, donde es posible disfrutar de corridas de toros con los mejores carteles (m. 名声) del mundo, exposición agropecuaria e industrial, artesanía, ciclismo internacional, bailes en casetas (f. 小平房) y templetes (m. 亭子，音乐台), festivales de música campesina, desfiles, comidas y bebidas típicas.

Feria del Sol: Entre los meses de febrero y marzo, coincidiendo con la celebración del Carnaval, un evento se lleva a cabo en el estado Mérida, que reúne a muchos visitantes del país y del mundo entero. Se trata de la Feria del Sol, famosa por ofrecer al público visitante una diversidad de actividades como corridas de toros, exposiciones y diversos espectáculos.

El Nazareno de San Pablo: Algunas celebraciones folclóricas y religiosas en las ciudades y urbes aglutinan gran cantidad de público seguidor, entre ellas destacan el Nazareno de San Pablo, que se celebra en Caracas y se caracteriza por ser la festividad religiosa en honor a la imagen del Nazareno que se venera (tr. 尊敬，崇拜) en la Basílica de Santa Teresa. Esta tradición data de la época de la Colonia y se celebra los miércoles santos. Los pagadores de promesas se visten de color violeta o morado (m. 紫色), imitando al Nazareno.

La Parranda (f. 欢闹) **de San Pedro:** Es una festividad popular y religiosa que se celebra cada 29 de junio en las ciudades de Guatire y Guarenas del Estado Miranda, República Bolivariana de Venezuela. Tiene su origen en la época colonial. Consiste en unos parranderos, vestidos con levita (f. 大礼服，长礼服) y pumpá (礼帽) (uno de ellos lleva la imagen del santo, otro lleva una bandera amarilla y roja) y acompañados por Cuatro y Maracas. La percusión (f. 敲打，叩击) se logra con unos pedazos de cuero de animal amarrados (amarrar, tr. 捆住) a los pies a manera de sandalias (llamadas cotizas). También van acompañados por dos niños, vestidos con un traje rojo y amarillo, que se conocen como «tucusitos». El personaje más llamativo es un hombre vestido de mujer que carga una muñeca de trapo. Este personaje se llama «María Ignacia» y la muñeca «Rosa Ignacia». Los dos tucusitos hacen las veces de sus otros dos hijos. Todos llevan la cara pintada de negro con betún (m. 沥青，鞋油) o lo que ellos llaman «negro humo».

Esta festividad fue proclamada Patrimonio Cultural Inmaterial de la Humanidad por la UNESCO el 5 de diciembre de 2013.

UNIDAD 14

LOS PAÍSES ANDINOS

安第斯国家

导 读

　　素有"南美洲脊梁"之称的安第斯山脉是世界上最长的山脉，它造就了独特的自然景观，蕴藏着丰富的矿产资源，也孕育了灿烂的南美文明。从鼎盛繁荣到帝国陷落，从殖民统治到解放独立，从早期探索到现代化进程，安第斯山脉见证了该地区多国的高潮与低谷、分裂与统一、暴力与和平。全球化不断拉近安第斯国家与我们的距离，憨态可掬的羊驼、口感醇厚的咖啡、肉质鲜嫩的对虾和营养丰富的藜麦等已经成为当下中国人生活中常见的拉美元素。

　　一般认为安第斯国家是指安第斯山脉一线受到印加文明影响的国家，地理上主要有秘鲁、厄瓜多尔和玻利维亚，也包括哥伦比亚西南部和阿根廷西北部及智利的北部地区。成立于1969年的安第斯国家共同体成员国从北到南有哥伦比亚、厄瓜多尔、秘鲁和玻利维亚，本课聚焦上述一体化组织成员，带你走近上述安第斯国家。

　　哥伦比亚传承了西班牙殖民地时期的遗产，形成了以咖啡为主的大宗产品出口模式，并在此基础上启动了早期的工业化发展。作为南美洲唯一面向两洋的国家，独特的地理环境和自然条件诱发了毒品生产及其贸易，也导致了哥伦比亚国内长期的暴力冲突和社会安全问题。2016年政府与游击队签署的和平协议历史性地开启了哥伦比亚经济社会发展的新篇章。

　　厄瓜多尔是南美洲经济相对落后的国家，工业基础薄弱，农业发展缓慢，石油工业是厄瓜多尔的第一大经济支柱。赤道穿过首都基多。位于太平洋的"龟岛"——加拉帕戈斯群岛（islas Galápagos）上现存其他地区罕见的多种动物，被称为"生物进化活博物馆"。

　　秘鲁以其古老的印加文明闻名于世，但从鸟粪繁荣时期开始，其现代化发展进程则颇为坎坷，目前被世界银行列为"中等偏下收入国家"。近年来，其经济表现在拉美国家中居于前列。秘鲁是世界上第三大华人华侨聚集地，仅次于美国和加拿大。在秘华人为秘鲁的发展和建设作出了卓越贡献。

　　"高原之国"玻利维亚拥有世界上海拔最高的首都拉巴斯（la Paz，行政首都，法定首都是苏克雷Sucre），是位于南美洲中部的多民族国家。1879—1883年南美太平洋战争的失败使玻利维亚失去了面向太平洋的出海口，成为了一个内陆国家。玻利维亚是南美洲最贫穷的国家之一。

Textos

Estados andinos

Se denomina estados andinos al conjunto de los países de América del Sur que comparten la cordillera de los Andes y una cultura heredera de la civilización incaica. Los países son Bolivia, Ecuador y Perú. Culturalmente también se incluye al noroeste de Argentina, el norte de Chile y el suroeste de Colombia. Venezuela solo es considerado país andino en términos geográficos.

Bolivia, Ecuador, Perú y Colombia son miembros fundadores de la Comunidad Andina (CAN) desde 1969. Esta unidad trata de estos países miembros de pleno derecho del bloque andino.

Colombia

Colombia se encuentra en la esquina noroeste de América del Sur, de la cual es el único país sudamericano con sus costas bañadas por dos océanos, el Atlántico y el Pacífico. Se encuentra atravesado por la línea ecuatorial en el extremo sur. La ciudad capital de Colombia es Bogotá. Con una población de 51 millones, la superficie de Colombia es de 2 129 748 km^2, de los cuales 1 141 748 km^2 corresponden a su territorio continental y los restantes 988 000 km^2 a su extensión marítima, de la cual mantiene un diferendo limítrofe con Venezuela y Nicaragua. Limita al este con Venezuela y Brasil, al sur con Perú y Ecuador y al noroeste con Panamá.

En 1903 EE. UU. se valió de las luchas internas de Colombia y alentó un movimiento secesionista (adj. 分裂主义的) en Panamá, entonces provincia colombiana. Con la creación allí de una república independiente, los estadounidenses pudieron construir y controlar el canal a través del istmo centroamericano. No fue hasta 1921 que Colombia finalmente reconoció la soberanía de Panamá y zanjó su disputa con EE. UU.

Después de la Independencia, la minería del oro y productos primarios, como el tabaco y la quina (f. 金鸡纳霜，奎宁), fueron la base de la economía hasta que comenzó el ciclo del café en el último cuarto del siglo XIX. El grano fue pilar de la economía hasta hace medio siglo, pero desde la década 30 del siglo XX hubo inversión en industria, y desde la posguerra prosperó la política de protección a la producción nacional, impulsada por la Comisión Económica para América Latina (CEPAL), hasta 1990; la crisis de la deuda latinoamericana indujo la apertura de la economía, lo que puso fin a la estrechez cambiaria, pero el desarrollo de la industria del país se presenta algo de agotamiento por la mala gestión pública.

Colombia arrastra una larga historia de guerra y derramamiento (m. 溢出) de sangre. Ya fuera por la crueldad de las conquistas coloniales, la lucha con los españoles por la independencia, la guerra civil casi de 50 años entre las FARC y los paramilitares o el caos causado por los narcos (m. 贩毒分子) en las décadas de 1980 y 1990, el país siempre ha sido sinónimo de violencia. Sin embargo, actualmente Colombia es un lugar mucho más seguro para sus residentes y los viajeros, aunque aquí la seguridad nunca debe darse por sentada.

Proceso de paz: acuerdo de paz entre el gobierno colombiano y las FARC-EP

Las negociaciones de paz entre el Estado colombiano y las Fuerzas Armadas Revolucionarias de Colombia-Ejército del Pueblo (FARC-EP), también conocidos como proceso de paz en Colombia, fueron las conversaciones que se llevaron a cabo entre el Gobierno de Colombia (en representación del Estado) y la guerrilla de las FARC-EP para poner fin al conflicto armado interno de Colombia iniciado en 1960. Estos diálogos, que tuvieron lugar en Oslo (奥斯陆) y en La Habana, desembocaron en la firma del Acuerdo Final para la Terminación del Conflicto y la

---

Nota lingüística

01 estrechez cambiaria，换汇紧张，这里指外资不足。

Rincón cultural

FARC（Fuerzas Armadas Revolucionarias de Colombia），哥伦比亚革命武装力量，该组织成立于1964年，原属于哥伦比亚共产党的军事机构，02 20世纪80年代由于从事毒品交易，脱离哥伦比亚共产党成为独立组织。它曾经是哥国境内最大的极左翼游击队。根据2016年与政府签署的和平协议，该组织已正式解除武装，改组成政党，自此持续半个多世纪的哥伦比亚03 内战正式结束。

paramilitares 这里指哥伦比亚联合自卫军（Autodefensas Unidas de Colombia，简称AUC），是哥伦比亚的极右翼军事和贩毒集团，在1997年至2006年期间是哥伦比亚内战中的积极交战方。其历史可以追溯到20世纪80年代。当时毒枭建立了这一民兵组织，称其目标为打击叛军的绑架和勒索。

Nota lingüística

darse por sentada: asumir algo como verdadero, real, incuestionable o esperado. 该短语表示对某事完全确信、放心。

Construcción de una Paz Estable y Duradera en Bogotá el 24 de noviembre de 2016.

En medio de tantas dificultades en el mundo, de tanta intolerancia y de tanta adversidad, el proceso de paz en Colombia es un ejemplo de cómo el mundo puede resolver los conflictos mediante el diálogo.

Café colombiano

El café en Colombia tiene alrededor de 300 años de historia, desde que los jesuitas (m. 耶稣会教徒) lo trajeron en el siglo XVIII. En el año 1835 se exportaban los primeros sacos producidos en la zona oriental, desde la aduana de Cúcuta (库库塔，哥伦比亚北桑坦德省首府).

Café colombiano

El personaje de Juan Valdez fue creado por la Federación Nacional de Cafeteros de Colombia en 1960 y varias décadas después, continúa siendo uno de los nombres más reconocidos a nivel mundial. El consumidor podía reconocer que su café tenía un origen colombiano si veía a este personaje sobre su empaque (m. 包装). Esto creó un reconocimiento inmediato y logró posicionar al país como uno de los mejores productores de café arábigo (adj. 阿拉比卡，咖啡的一个品种) del mundo. Juan Valdez tuvo tanta acogida, que se convirtió en una imagen que deja en alto el nombre de Colombia en el mundo; en un personaje que tiene el propósito de enaltecer (tr. 颂扬) la labor de

540 000 familias caficultoras y que ha generado un sentido de pertenencia en los colombianos.

Ecuador

La República del Ecuador es un país soberano ubicado en la región noroccidental de América del Sur. Limita al norte con Colombia, al sur y al este con Perú y al oeste con el océano Pacífico, el cual lo separa de las islas Galápagos por 972 kilómetros entre la península de Santa Elena y la isla San Cristóbal. Por medio de su mar territorial correspondiente a las islas Galápagos, también posee límites marítimos con Costa Rica.

Una sección volcánica de la cordillera de los Andes divide el territorio de norte a sur, dejando a su flanco (m. 侧面) occidental el golfo de Guayaquil (地名，瓜亚基尔) y una llanura boscosa (adj. 多林木的), y al oriente, la Amazonia. El Ecuador ocupa un área de 256 370 km^2 con 17.9 millones de habitantes. Quito, oficialmente San Francisco de Quito, es la capital de la República. El paralelo 0, línea ecuatorial, pasa por lugares como el extremo norte de la ciudad.

El Ecuador es una reciente potencia energética basada en energías sustentables. Además, se trata del país con una de las más altas concentraciones de ríos por km^2 en el mundo. Es el primer país del planeta en tener los Derechos de la Naturaleza garantizados en su Constitución del año 2008. El país a nivel mundial es uno de los principales exportadores de petróleo, consta como el principal exportador de banano a nivel mundial y uno de los principales exportadores de flores, camarones y cacao. En el año 2000 Ecuador decidió adoptar el dólar como moneda de curso legal. Más de veinte años después, la medida sigue siendo muy aceptada entre la población.

Islas Galápagos

Situadas en el Pacífico, a unos mil kilómetros del

¿Lo sabías? 04

我国市场里有进口的厄瓜多尔白虾和阿根廷红虾，去超市买一点尝尝，你更喜欢哪一种的口味？

¿Lo sabías?

moneda de curso legal，法定流通货币。2000年厄瓜多尔放弃诞生于1884年的本币苏克雷（sucre），全面使用美元作为境内流通货币。05 这样的政策对一个国家经济的影响是巨大的。有兴趣的同学可以查阅资料，学习相关知识，说说这一举措给厄瓜多尔经济带来的正负面影响。

subcontinente sudamericano, estas diecinueve islas de origen volcánico y su reserva marina circundante (adj. 周围的) son un museo y un laboratorio vivientes de la evolución, únicos en el mundo. Las Galápagos están situadas en la confluencia de tres corrientes oceánicas y concentran una gran variedad de especies marinas. Su actividad sísmica (adj. 地震的) y volcánica ilustra los procesos de su formación geológica. Estos procesos, sumados al extremo aislamiento del archipiélago, han originado el desarrollo de una fauna singular con especies como la iguana (f. 鬣蜥) terrestre, la tortuga gigante y numerosas especies de pinzones (m. 苍头燕雀), cuyo estudio inspiró a Darwin (达尔文，著名生物学家) la teoría de la evolución por selección natural, tras su viaje a estas islas en 1835.

Paisaje de islas Galápagos, Ecuador

Perú

Perú está ubicado en la parte occidental de América del Sur y comparte sus fronteras con Ecuador, Colombia, Brasil, Bolivia y Chile. En su vasto territorio, de más de 1.2 millones de km^2, abarca tres regiones: Costa, Sierra y Selva. Su población actual supera los 31.5 millones de habitantes. El español es el idioma oficial de Perú. Sin embargo, en el país se hablan 47 lenguas nativas, incluyendo el quechua y el aimara. Perú es uno de los países más variados del mundo. Un país multicultural, lleno de tradiciones, una laureada (adj. 戴桂冠的) gastronomía y vastas reservas naturales. Posee 12 patrimonios mundiales reconocidos por UNESCO.

Después de afirmar su formación en república en 1824, Perú tuvo que afrontar crisis económicas y caudillismos militares que hicieron difícil la consolidación de un nuevo espíritu nacional entre indios y mestizos. A mediados del siglo XIX se produce el boom del guano, producto por el cual el país había tenido su principal ingreso, y cuando se terminó la guerra del Pacífico, el país perdió el territorio y sus valiosos recursos naturales, lo cual significó un descenso grave de su economía en muchos aspectos. El período posterior es conocido como la Reconstrucción Nacional durante el cual se realizaron trabajos de recuperación, también cambios políticos y sociales.

En la actualidad, Perú cuenta con las mayores reservas de plata del mundo, así como las más grandes de oro, plomo (m. 铅) y zinc de Latinoamérica. La costa de Perú es reconocida por sus recursos marítimos y la agroindustria orientada a la exportación, con productos estrella como harina de pescado, los espárragos (m. 芦笋), los arándanos (m. 越橘，蓝莓), las uvas de mesa, las paltas (f. 鳄梨), el banano orgánico. La Amazonía, por su parte, contiene ricos yacimientos de petróleo y gas natural, así como amplios recursos forestales.

Perú es uno de las economías de más rápido crecimiento en América Latina durante la última década. El país se encuentra en pleno desarrollo económico, con índices de crecimiento jamás alcanzados en la historia; y superando las crisis de las décadas pasadas. Cuenta con acuerdos comerciales con las principales economías del mundo como Estados Unidos, China o la Unión Europea. Además, pertenece a bloques comerciales como el Foro de Cooperación Económica Asia-Pacífico (APEC) o la Alianza del Pacífico.

Rincón cultural

el boom del guano，鸟粪繁荣，指1840—1880年间，秘鲁大量出口鸟粪资源所带来的经济繁荣。鸟粪是天然的优质有机肥料。

Rincón cultural

la guerra del Pacífico，南美太平洋战争，又称"硝石战争"，是于1879年至1883年间在智利、秘鲁和玻利维亚三国之间发生的资源争夺战。智利获胜，从此走上强国之路；战败的秘鲁失去了部分领土和重要的资源储藏地；玻利维亚失去了出海口，成为内陆国。详见本课补充阅读。

¿Lo sabías?

Alianza del Pacífico，（拉美）太平洋联盟，是成立于2012年的拉美地区的新兴经济组织，成员国为智利、秘鲁、墨西哥、哥伦比亚。我们在第九课的练习I中安排了它的缩写AP，你答对了吗？

Los inmigrantes chinos en Perú

Según la estadística de la década 90 del siglo XX, Perú constituyó la tercera concentración de los inmigrantes chinos en el mundo, solo detrás de los EE. UU. y Canadá. La inmigración china a gran escala a Perú comenzó a mediados del siglo XIX, y se desarrolló en las décadas posteriores. A lo largo del proceso de evolución mezclaron su sangre con la del pueblo peruano. Se estima que más del 10 % de la población peruana tiene origen chino. Los chinos trajeron hace más de siglo y medio sus costumbres y tradiciones desde el lejano Oriente, se unieron y formaron sociedades para defenderse, ayudarse mutuamente y mantener de esta manera su filosofía y cultura como fueron. Rasgos culturales chinos se han enmarcado (enmarcar, tr. 嵌入) tanto en la vida local peruana, que persiste en la gastronomía chifa (f. 秘鲁中餐馆，音译自中文"吃饭"), en las fiestas chinas, en los apellidos chinos de los peruanos, como en el barrio chino de las ciudades. Los inmigrantes chinos han dejado huellas profundas en casi todos los aspectos de la sociedad peruana, los cuales se han considerado

Un restaurante Chifa, Lima, Perú

contribuyentes importantes en el proceso de desarrollo del país residencial.

Bolivia

Bolivia es nombrada en honor a su primer presidente, Simón Bolívar. Es un país soberano ubicado en la región centrooccidental de América del Sur. Limita al norte y al oriente con Brasil, al sur con Paraguay y Argentina, y al occidente con Chile y Perú. Es considerado un Estado sin litoral (m. 海岸) y constitucionalmente mantiene una reclamación territorial a Chile por una salida soberana al océano Pacífico. La capital La Paz, con 3600 metros sobre el nivel del mar, es muy alta y no sería habitable. Bolivia cuenta con una segunda capital Sucre, donde se ubica la suprema corte.

Con una superficie de 1 098 581 km^2 y una población de 11.8 millones, Bolivia es la sexta más extensa de Latinoamérica y comprende distintos espacios geográficos como la cordillera de los Andes, el Altiplano, la Amazonía, los Llanos de Moxos y el Chaco, siendo uno de los países con mayor biodiversidad en el mundo.

Bolivia es un Estado multiétnico. La población total de Bolivia se estima en 11.832 millones de personas. Se considera que el 54 % son indígenas, el 31 % mestizos y el restante 15 % criollos de origen europeo. El español es el idioma oficial y predominante, aunque 36 lenguas indígenas también tienen estatus oficial (官方地位), de las cuales las más habladas son quechua, aimara y guaraní, de las tres comunidades indígenas más grandes. Muchos son agricultores de subsistencia en el altiplano. En su actual constitución política, desde el año 2009, Bolivia se declaró el nombre oficial como Estado Plurinacional de Bolivia al reconocer que en su territorio coexisten varias naciones cuyos orígenes son anteriores a la colonización española.

Los recursos naturales principales con los que cuenta Bolivia son los siguientes: estaño (m. 锡), antimonio

(m. 锑), tungsteno (m. 坞), plata, plomo, cinc, petróleo y madera. Entre las riquezas mineras del país, las mayores se concentran en los departamentos occidentales como Potosí (波托西，殖民时期著名的"银都"), La Paz y Oruro, en las que se encuentran el estaño, plata, cobre, tungsteno, antimonio, zinc, etc. La economía boliviana se apoya principalmente en la minería, los hidrocarburos, la agricultura y la industria manufacturera. Esto hace que la economía sea vulnerable e inestable, puesto que estos sectores dependen en gran parte de factores externos. En el caso del sector agrícola, su producción viene determinada por el clima y presenta un comportamiento cíclico explicado por los fenómenos meteorológicos (adj. 气象学的) del «Niño» (厄尔尼诺，特异气候现象) y la «Niña» (拉尼娜，厄尔尼诺的变种) que causan desastres naturales cuyas consecuencias se reflejan en grandes pérdidas para este sector. En cuanto al sector hidrocarburífero (adj. 碳氢化合物的) y la minería, existe una gran dependencia de los precios internacionales, lo que hace que no se pueda tener una previsión de la productividad de este sector.

Bolivia es uno de los países más atrasados económica

El lago Titicaca y las góndolas (f. 小平底船)*, nexo transfronterizo entre Perú y Bolivia*

y socialmente de América Latina, y en especial de América del Sur. Sus características topográficas (adj. 地形的), su situación mediterránea, las características de su población, con un alto componente indígena que históricamente ha sido excluida del proceso de desarrollo del país, la debilidad de sus instituciones públicas y privadas, son algunas de las características particulares que explican en algún grado su realidad de país subdesarrollado. No obstante, según estadísticas internacionales, a partir del año 2006, se ha verificado un proceso de mejoría en los principales indicadores económicos y sociales del país que permite tener confianza en la posibilidad de que el país comience su paso en el camino al desarrollo soberano y sostenible.

Nota bibliográfica

➡ 麦夸里. 安第斯山脉的生与死: 追寻土匪、英雄和革命者的足迹 [M]. 冯璇, 译. 北京: 社会科学文献出版社, 2017.

➡ 白凤森. 秘鲁 [M]. 北京: 社会科学文献出版社, 2006.

➡ 宋晓平, 张颖. 厄瓜多尔 [M]. 2 版. 北京: 社会科学文献出版社, 2020.

➡ 徐宝华. 哥伦比亚 [M]. 2 版. 北京: 社会科学文献出版社, 2010.

➡ 曾昭耀, 宋霞, 曹龙兴. 玻利维亚 [M]. 2 版. 北京: 社会科学文献出版社, 2017.

➡ MCCARTHY C, TANG P, WATERSON L, et al. Perú [M]. 7.ª ed. Barcelona: GeoPlaneta, 2019.

➡ RAUB K, BREMNER J, EGERTON A, et al. Colombia [M]. 4.ª ed. Barcelona: GeoPlaneta, 2018.

➡ MORGAN M, ST LOUIS R, YANAGIHARA W, et al. Ecuador y las islas Galápagos [M]. 8.ª ed. Barcelona: GeoPlaneta, 2023.

➡ ALBISTON I, GROSBERG M, JOHANSON M. Bolivia [M]. Barcelona: GeoPlaneta, 2019.

Actividades

I. 把下表相关的内容连接起来。

Bolivia	Bogotá	fachado hacia dos océanos
Colombia	Lima	sin salida hacia el mar
Perú	Quito	el paralelo 0° pasa por la capital
Ecuador	La Paz	boom de guano

II. 下图是位于基多的赤道纪念碑，作为赤道穿过的城市，基多年均气温通常在16℃左右，这是为什么？请通过这个问题，结合中学学到的经济地理学知识，进一步思考安第斯山脉对这一地区国家地理、气候、动植物、物产以及经济产生的影响和作用。

III. 思考与讨论。

1. 查阅资料，了解巴拿马从哥伦比亚分离出去的过程，认识美国干涉主义的本质。

2. 2009年，时任玻利维亚总统莫拉莱斯颁布了玻利维亚宪法修正案，在法规中承认了现代玻利维亚的多元文化性质，新宪法将玻利维亚的正式名称改为多民族玻利维亚国。玻利维亚为什么要改名？其背后所代表的宗旨和精神是什么？

3. 阅读下面段落，了解南美太平洋战争后秘鲁的发展轨迹，课文中的Reconstrucción Nacional 和下文的 República Aristocrática 分别指什么？

> Hacia 1879 Perú enfrentó una guerra con Chile en la que fue derrotado. En medio de la bancarrota, sobrevino un nuevo apogeo de gobiernos militares y retornaron (intr. 恢复原状) los civiles. Así, empezó un período llamado la «República Aristocrática» que se basaba en una economía dominada por la élite terrateniente. Comenzó el apogeo de la explotación del caucho (m. 橡胶) en la selva y se abrió más la brecha entre una élite, básicamente capitalina, con el resto de la población en el interior del país, que vivía principalmente de la agricultura.

Lectura complementaria

La guerra del Pacífico y sus consecuencias

Los orígenes de la guerra se remontan a una larga disputa territorial entre Chile y Bolivia para definir sus fronteras en el desierto de Atacama. Después de diversas negociaciones diplomáticas entre ambos países, se logró firmar dos tratados de límites en 1866 y 1874 que no pudieron establecer una relación armoniosa entre Chile y Bolivia. En 1878 el conflicto se agravó con la violación del Tratado de Límites de 1874, por parte de Bolivia, y la intervención de Perú en su apoyo, lo que desencadenó un conflicto bélico que los enfrentó con Chile a partir de febrero de 1879. Las operaciones militares se prolongaron por cuatro años y medio, involucrando la movilización de cuantiosos recursos humanos y materiales por parte de los tres países. Una vez finalizada la guerra, los países involucrados incurrieron en diversas negociaciones diplomáticas para lograr acuerdos de paz.

La guerra del Pacífico tuvo una serie de consecuencias económicas, políticas, territoriales y sociales entre los beligerantes (m. 交战国). Hubo cesiones de territorio definitivas y otras temporales, la pérdida o el acceso de nuevos recursos naturales, cierto grado de resentimiento (m. 不满，怨恨) en los países vencidos, y además provocó una serie de disputas y reclamaciones futuras entre los involucrados que serían resueltos con nuevos acuerdos internacionales.

Chile, tras su victoria, pudo incorporar nuevos territorios a la nación, comprendidos entre Arica y Antofagasta, los que dieron origen a las provincias de Tarapacá y Antofagasta. La riqueza salitrera (adj. 硝石的) de estos territorios permitió reactivar la economía nacional y comenzar un ciclo de expansión que se prolongaría hasta 1930. Dotado de enormes recursos provenientes del impuesto salitrero, el Estado comenzó un proceso de modernización del país, partiendo por la expansión de su infraestructura material y administrativa, lo que fue especialmente notorio en la ampliación de los ministerios y sus respectivos servicios. Junto a ello, se inició una amplia y sostenida política de obras públicas. Se invirtió en ferrocarriles y obras portuarias, y se expandió la educación pública con la construcción de cientos de colegios que elevaron significativamente la matrícula (f. 入校学生注册人数). El sector privado también se vio favorecido, pues se reactivó la agricultura al generarse un nuevo mercado interno, la incipiente (adj. 早期的) industria y las alicaídas (adj. 虚弱的) economías urbanas. Así como también sirvieron para potenciar las fuerzas armadas, convirtiéndose en una de las más fuertes del continente. El salitre fue la principal fuente de riqueza de Chile hasta el descubrimiento del salitre sintético (adj. 合成的) por los alemanes, durante la Primera Guerra Mundial, y la Gran Depresión en 1930 que pondría fin al auge salitrero.

Para Perú la guerra, además de la pérdida de territorio de la provincia litoral de Tarapacá y de la provincia de Arica, también perdió sus valiosos recursos naturales, significó la destrucción de parte de su infraestructura, un descenso de la producción y el comercio, y la ruina de su economía en muchos aspectos. El período posterior es conocido como la Reconstrucción Nacional durante el cual se realizaron trabajos de recuperación, pero también cambios políticos y sociales. También el país debió pasar por grandes divisiones sociales, producto de la guerra, por un lado estaban los campesinos indígenas de la Sierra, y por el otro, los terratenientes (m. 地主). Las autoridades peruanas de turno debieron someter a esos campesinos para evitar una rebelión generalizada. Posteriormente, Perú debió saldar con Chile los asuntos pendientes del Tratado de Ancón, entre ellos, la suerte de Tacna y Arica con el plebiscito (m. 公民投票) previsto, que por variadas razones no pudo llevarse a la práctica provocando tensiones entre ambos países. Finalmente, solo en 1929 se logró la firma del Tratado de Lima que resolvió los asuntos pendientes.

Para Bolivia, con la anexión chilena de su litoral, perdió su única salida soberana al océano Pacífico, quedando relegada a una condición de Estado sin litoral, y perdiendo igualmente los recursos naturales del lugar. Desde 1879 hasta hoy día, durante más de 140 años el país no renuncia a sus costas marítimas. Bolivia y Chile continúan los diálogos en torno a la recuperación del territorio marítimo boliviano.

UNIDAD 15

ARGENTINA Y EL CONO SUR

阿根廷和南锥体

导 读

南锥体是美洲大陆最南端的地区，在狭义上包括阿根廷、智利与乌拉圭三国。本单元在考虑地理和历史因素的基础上，采取更为广义的界定，将巴拉圭也纳入讨论范围。

阿根廷是拉美第三大经济体，其面积与人口都位居南锥体国家之首，肥沃的潘帕斯草原被称为"粮仓"和"肉库"，拥有良好的资源禀赋和较高的工业化水平。一战前，凭借农牧业产品的生产和出口，阿根廷一度成为世界发展最快的国家。20世纪中叶开始的进口替代工业化发展模式促进了阿根廷工业部门的发展和工业结构的完善。但是，不同精英阶层之间的斗争已经成为阿根廷政治生活的常态，加之治理能力的缺乏、外部干涉等多重因素，使这个拥有辽阔疆域、丰富资源、旖旎风光和隽永风情的国家到20世纪末经济社会基本面恶化，危机频发，成为"发展之谜"。

在拉美国家中，智利经济、政治和各项人文发展指标名列前茅，体现出与众不同的特点。1833年宪法开启了政治稳定的进程，南美太平洋战争的胜利为智利早期初级产品经济的发展提供了机遇和动力。作为以铜矿开采、加工和贸易为主的资源出口型国家，与其他拉美国家相比，新自由主义改革在智利没有走向极端，相对比较成功。20世纪80年代末恢复民主政体后，智利各派政府都致力于实现民族和解，民主政治日益走向成熟。智利是最早与我国建交的南美洲国家，对华关系在多个方面均走在拉美国家前列。

乌拉圭东岸共和国，位于乌拉圭河与拉普拉塔河的东岸，资源丰富，农牧业发达，经济稳健，但产业结构比较单一，依赖农牧和乳肉业出口。国家政局相对稳定，民众受教育水平较高，贫富差距相对较小，在拉美属于中等偏上的发展水平，被誉为"南美瑞士"。

巴拉圭是内陆国，矿产和水力资源丰富，但工业基础相对薄弱，文化和民族均呈现多样性特征。1864年至1870年间，三国同盟（阿根廷、巴西帝国和乌拉圭）与巴拉圭之间发生战争，给巴拉圭的发展造成了沉重打击。

Textos

El Cono Sur（南锥体）

Se denomina Cono Sur al área más austral del continente americano que, como una gran península, define el sur del subcontinente de América del Sur. Geográficamente, es la porción meridional del continente americano cuya forma se asemeja a la de un triángulo escaleno (adj. 不等边的). En su concepto más acotado (acotar, tr. 划定……范围), comprende los países como Argentina, Chile y Uruguay. A veces se incluye Paraguay, debido al conjunto del área geográfica de la región y a elementos de carácter histórico.

Esta unidad trata del Cono Sur en este concepto; es decir, Argentina, Chile, Uruguay y Paraguay.

Argentina

La República Argentina, ubicado en la punta sur del continente americano, con una superficie de 2 780 400 km², tiene acceso tanto al océano Atlántico como al océano Pacífico a través del estrecho de Magallanes. El país comparte fronteras con Uruguay y Brasil por el este, Chile al oeste y el sur, y Bolivia y Paraguay al norte. Argentina es el segundo país más grande de América del Sur, octavo en el mundo por la superficie terrestre y el más extenso entre las naciones de habla hispana.

Argentina sigue reclamando la soberanía por las islas Malvinas, Georgias del Sur, Sandwich del Sur y los espacios marítimos circundantes, las cuales desde el año 1833 administra el Reino Unido. Las islas Malvinas (en inglés, Falkland Islands) son un archipiélago de América del Sur, situado en el mar argentino que es un mar epicontinental del océano Atlántico Sur adyacente (adj. 毗邻的) a dicho país, a unos 500 km de la costa.

El territorio argentino reúne una gran diversidad

01 ¿Lo sabías?

广袤的土地、大纬度跨度、漫长的海岸线为阿根廷提供了丰富的旅游资源。北部与巴西交界处有世界第二大瀑布群伊瓜苏大瀑布（cataratas de Iguazú），东部有被誉为"大西洋明珠"的海滨城市马德普拉塔（Mar de Plata），南部有南美滑雪胜地巴里洛切（Bariloche），著名的莫雷诺大冰川（Glaciar Moreno）和火地岛国家公园（Parque Nacional Tierra del Fuego）。阿根廷被中国游客评为南美最佳旅游目的地。了解阿根廷的旅游资源，和朋友一起做个旅游规划吧。

Glaciar Perito Moreno, en el Parque Nacional Los Glaciares, sur de Argentina

de climas, causada por una amplitud latitudinal. Amplias llanuras húmedas limitan con extensos desiertos y altas montañas, mientras que la presencia de climas tropicales y subtropicales en el norte, contrastan con las nevadas y fríos extremos en las zonas cordilleranas y el sur. Argentina es uno de los veinte países que tienen presencia permanente en la Antártida.

Argentina está organizada como un Estado federal descentralizado, integrado por veintitrés provincias y la Capital Federal, Buenos Aires. Con más de 47 millones de personas, Argentina es un país con baja densidad de población, muy concentrada —un tercio de su población— en el aglomerado Gran Buenos Aires donde se ubica el polo industrial y económico más importante del país. La mayoría de las fuentes internacionales coinciden en afirmar que los argentinos blancos conforman alrededor del 85 % de la población de Argentina. Argentina es considerada como «país de inmigración». La composición de la actual población argentina está muy influida por la gran ola de inmigración, que recibió a lo largo del tiempo, principalmente desde el continente europeo, destacando primordialmente a italianos, españoles, alemanes y

Rincón cultural 02

Gran Buenos Aires，大布宜诺斯艾利斯，是世界第十八大城市集群，包括阿根廷首都和邻近的一些卫星城（ciudad satélite），但是并非统一的行政建制。有点类于我们北京及其周边"京津冀一体化"地区。

eslavos (adj. 斯拉夫人). En la actualidad, recibe inmigrantes de Asia (China y Corea del Sur) y de una gran cantidad de países sudamericanos cercanos.

La abundancia de tierras agrícolas extraordinariamente fértiles y ganaderas es el principal recurso que caracteriza la riqueza natural de Argentina y, por tanto, es uno de los recursos naturales de Argentina más importantes. Tradicionalmente, las grandes extensiones de pastos han configurado los paisajes y la actividad económica de este país. A diferencia de la recesión que caracteriza al sector primario en muchos otros países, actualmente en Argentina siguen siendo la agricultura y la ganadería el principal motor de la sociedad. Argentina es un país líder en producción de alimentos, con industrias de gran escala en los sectores de agricultura y ganadería vacuna.

La pampa argentina

Los abundantes recursos naturales y energía que hay en Argentina han favorecido, desde principios del siglo pasado, una tendencia creciente en la explotación de las reservas de hidrocarburos —petróleo y gas— y de minerales —hierro, carbón, cobre, azufre, litio (m. 锂) y oro—. Además, Argentina tiene un enorme potencial en energías renovables. Durante las últimas décadas se ha abierto camino a los proyectos eólicos y solares.

También cuenta con un gran reconocimiento mundial por ser una de las naciones más industrializadas de la región. El área industrial más desarrollado está conformada por sectores claves tales como la agroindustria, la industria automotriz, farmacéutica, química, petroquímica, combustible nuclear y por la biotecnología, el diseño de fabricación. Asimismo, tiene grandes oportunidades en algunos subsectores de manufacturas y en el sector de servicios innovadores de alta tecnología.

De acuerdo con el Banco Mundial, Argentina es la tercera economía más grande de América Latina. Es considerada una potencia regional. Según el PNUD (Programa de las Naciones Unidas para el Desarrollo, 联合国开发计划署), para el año 2020, Argentina es el segundo país con el mayor Índice de Desarrollo Humano (IDH) de América Latina, solamente detrás de su vecino Chile. Es miembro fundador del MERCOSUR, la Organización de Estados Americanos (OEA) y la Comunidad de Estados Latinoamericanos y Caribeños (CELAC) .

La Avenida 9 de Julio y el Obelisco (方尖碑), emblema de Buenos Aires, por sus 140 metros de ancho, es conocida como «la avenida más ancha» del mundo.

Diversidad cultural

La cultura de Argentina es el resultado de una interesante mezcla de culturas indígenas, europeas y afroamericanas. De allí que a menudo sea definido como un país multicultural y multiétnico. Como «país de inmigración», los inmigrantes extranjeros, los cuales (en mayor o menor medida) han dejado su influencia en la cultura de los argentinos.

El gaucho, junto con el tango, el mate y el asado, son los iconos nacionales.

El gaucho es un hombre-jinete (m. 骑手) de la pradera, no responde a un étnico único, fruto del mestizaje de la región pampeana (adj. 潘帕斯草原地区的) y la rioplatense (adj. 拉普拉塔河流域的). Su origen está vinculado a las singulares condiciones políticas, históricas y económicas de su medio. La figura del gaucho apareció en el siglo XVII cuando se empezó a desarrollar el trabajo rural ganadero. La cultura gauchesca de Argentina está muy extendida, tanto así que se han encontrado varias formas de expresiones. Por ejemplo, se ha popularizado la literatura gauchesca, cuyo principal representante fue con El gaucho Martín Fierro, pero también la música, danza, deportes, artes y una extensa tradición oral. Por otra parte, la gastronomía gauchesca tiene como ingrediente central el asado de la carne de ganado vacuno, estas preparaciones son las favoritas para los turistas extranjeros.

El mate y las yerbas

El tango es una manifestación surgida en el siglo XIX de la fusión de aportes afroamericanos, criollos y la inmigración europea. Nació en la cuenca del Río de la Plata, entre las clases populares de las ciudades de Buenos Aires y Montevideo. En esta región, donde se mezclan los emigrantes europeos, los descendientes de esclavos africanos y los pueblos criollos, se produjo una amalgama (f. 混合物) de costumbres, creencias y ritos que se transformó en una identidad cultural específica. Entre las expresiones más características de esa identidad figuran la música, la danza y la poesía del tango. Esta danza es muy sensual y parece que los bailarines se dejan llevar por sus emociones a la vez que el ritmo musical marca el movimiento de los danzantes. Los temas que toca el tango usualmente son el arrabal (m. 市郊), el paso del tiempo, poesía, tristeza y el deseo sexual. Este género musical y danza es tan importante para la cultura mundial que fue señalado como Patrimonio Cultural Inmaterial de la Humanidad (PCI) por la UNESCO.

Chile

La República de Chile está situado a lo largo de la costa occidental del Cono Sur de Sudamérica, entre el segmento más alto de la Cordillera de los Andes y el océano Pacífico, con una superficie de 756 715 km^2. Su forma es única: es uno de los países más largos del mundo, con 4352 km de longitud, pero también uno de los más angostos (adj. 狭窄的), con una anchura promedio de solo 180 km. Su capital es la ciudad de Santiago. Posee toda clase de climas existentes en el planeta, a excepción del clima tropical. La lengua oficial de Chile es el español, y su moneda el peso chileno. La población de 19 millones es mestiza, mezcla de europeos e indígenas, cuyas tradiciones aún se perciben en algunas zonas del país. La tasa de alfabetismo es del 94 %, sobresaliendo como una de las más altas de Latinoamérica.

Chile es considerado tradicionalmente como un modelo en América Latina en términos de desarrollo estable económico y transparencia política financiera. Según Banco Mundial, también ha sido una de las economías de más rápido crecimiento de América Latina en las últimas décadas, lo que ha permitido al país reducir significativamente la pobreza. Sin embargo, más del 30 % de la población es económicamente vulnerable y la desigualdad de ingresos sigue siendo elevada.

En 2021 la economía de Chile es la quinta mayor economía de América Latina en términos de producto bruto interno (PBI) nominal (名义国内生产总值), y en cuanto al PBI a precios de paridad de poder adquisitivo (PPA) (购买力平价). Posee la renta per cápita (人均收入) más elevada de América Latina. Como miembro de OCDE, Chile pertenece a la categoría de países de ingresos altos según el Banco Mundial.

La ganadería y la agricultura son las principales actividades de las regiones del centro y del sur del país. Los principales productos agrícolas chilenos son los cereales —avena (f. 燕麦), maíz y trigo—, las frutas —duraznos (m. 桃子), manzanas, peras y uvas— y las verduras —ajos, cebollas, espárragos y habas (f. 蚕豆)—. La exportación de frutas y verduras ha alcanzado niveles históricos al abrirse las puertas de los mercados asiático en estas décadas; lo mismo ha sucedido con productos de la explotación forestal, pesquera y de crustáceos (adj. 甲壳纲动物).

La minería está presente en 13 de las 15 regiones del país y extrae 25 productos distintos. El principal producto comercial es el cobre, popularmente conocido como «el sueldo de Chile» por el importante aporte que esta industria le genera en recaudación (f. 征收，税款) fiscal.

Chile es el mayor productor y exportador mundial de cobre, el cuarto exportador de vino, además se destacan en la lista litio y yodo (m. 碘), como también productos agrícolas como uvas frescas, arándanos (m. 越橘，蓝莓), ciruelas y manzanas deshidratadas (adj. 脱水的) según

05 ¿Lo sabías?

根据国际货币基金组织2021年的统计，拉美国家按美元计的国内生产总值（名义）排序为巴西、墨西哥、阿根廷、哥伦比亚和智利。这是基于总量的排序。在人均收入方面，智利高居榜首。

datos de 2021.

El turismo se ha convertido en uno de los principales recursos económicos de Chile desde mediados de los años 1990. Chile es reconocido por los contrastes y variaciones. Si recorriéramos el territorio de norte a sur, observaríamos una gran diversidad de paisajes, distintos tipos de vegetación y vida silvestre, producto de su diversidad geográfica que contiene una extensa costa bañada por el océano Pacífico, el desierto de Atacama (阿塔卡马沙漠，被认为是世界上最干旱的沙漠), zonas altiplánicas, esteparias (adj. 草原的), mediterráneas y polares. Los principales atractivos turísticos chilenos corresponden a lugares de paisajes naturales en las zonas extremas del país.

Rincón cultural 06

Valparaíso，智利位于太平洋沿岸的良港瓦尔帕莱索，也是著名的旅游胜地。旧城区被联合国教科文组织列为世界文化遗产，被国家命名为"智利的文化首都"。名字意为"天堂谷地"。

Valparaíso, Chile

Las distintas realidades han condicionado el origen y desarrollo de las principales expresiones culturales que se han producido al interior de la nación. De esta manera y a la luz de las particularidades del paisaje físico y humano, se puede construir un mapa geo-cultural en el cual se ven representadas, de norte a sur, el conjunto de expresiones del folclore nacional. En esta tierra se engendran (tr. 生育，产生) dos ganadores de Nobel en Literatura, la poeta Gabriela Mistral en el año 1945 y el poeta Pablo Neruda en 1971. Las poesías chilenas han recorrido el planeta, se han traducido a múltiples idiomas y han llegado a una audiencia de miles de personas, contribuyendo a la imagen de Chile —«creatividad que inspira al mundo»—.

Chile, pionero en las relaciones con China

Chile desarrolla sus relaciones con China como una política de Estado, lo que ha permitido dar pasos de gran trascendencia diplomática. Así, de forma habitual hacen referencia a los «cuatro primeros lugares de Chile». En 1970, Chile fue el primer país de América del Sur en establecer relaciones diplomáticas con China; en 1999, el primer país latinoamericano en apoyar el ingreso de China a la Organización Mundial del Comercio (OMC); en 2004, el primer país de América Latina en reconocer a China como economía de mercado; y en 2005, el primero de la región en suscribir un Tratado de Libre Comercio con China.

En el último tiempo se han sumado nuevos hitos a la relación bilateral que demuestran la madurez y el alto nivel político e integración económica que han alcanzado los vínculos entre ambos países, siempre sustentados en los principios de respeto y confianza mutua, lo que tiene como consecuencia que el país se posicione como un interlocutor de privilegio de China en América Latina y un «socio estratégico».

Destaca el acuerdo para elevar la relación bilateral a una Asociación Estratégica Integral, suscrito en la visita del Presidente Xi Jinping a Chile en noviembre de 2016, una categoría que China reserva para países con quien tiene una relación sólida y perspectivas de desarrollo.

En materia comercial, un hito en la relación bilateral fue la firma de la profundización del TLC Chile-China durante la Cumbre de Líderes de APEC, desarrollada en Vietnam en noviembre de 2017. Se debe destacar también la 2° Reunión Ministerial CELAC-CHINA, que se llevó cabo en Santiago, en enero 2018.

Asimismo, Chile ha mantenido invariable en el tiempo el principio de «Una sola China» reconociendo al

Gobierno de la República Popular como único y legítimo representante de su pueblo, siendo Taiwan y Xizang partes inalienables de su territorio.

En definitiva, los vínculos entre Chile y China han experimentado un expedito (adj. 畅通无阻的) desarrollo en los ámbitos político, económico-comercial, cultural y científico-tecnológico. Prueba de ello son los múltiples acuerdos suscritos entre ambos países, siendo Chile el país latinoamericano con la mayor cantidad de instrumentos de cooperación y de facilitación comercial con China.

Uruguay

Uruguay, en nombre oficial, República Oriental del Uruguay, se encuentra al sudeste de América del Sur, con una superficie de 176 215 km^2. Al norte y noreste, limita con la República Federativa del Brasil, al sur y sureste con el Río de la Plata, al oeste, el río Uruguay, lo separa de la República Argentina. Comparte con Brasil, Argentina, Paraguay y Bolivia la cuenca del Río de la Plata. Su topografía es ondulada (adj. 起伏的), sin grandes diferencias de altitud, y sin variaciones climáticas drásticas entre las diferentes zonas del país. La población del país es de 3.5 millones. Montevideo, ciudad a la costa sobre el Río de la Plata, es la capital de Uruguay.

El país toma el nombre de su ubicación, este u «oriente» del río Uruguay. Estos factores históricos, geográficos y otros, le dieron al país su nombre y como resultado, los uruguayos siguen siendo llamados «orientales», aunque es evidente que Uruguay pertenece al hemisferio occidental. El nombre Uruguay proviene del guaraní y su significado es «el río de los pájaros».

Es un país llano, de clima templado y húmedo, con veranos cálidos y precipitaciones homogéneas durante todo el año. El verano es la temporada alta para el turismo, siendo Punta del Este (东角市，乌拉圭著名海滨城市) su principal ciudad.

Uruguay es un país dominado por el sector agrícola orientado a las exportaciones, por lo cual la agricultura: arroz, trigo, maíz, girasol, sorgo (m. 高粱，蜀黍), cebada (f. 大麦), soja, caña de azúcar y la ganadería (vacunos, ovinos) son los recursos fundamentales de la economía. Las industrias principales son los frigoríficos, la lechera y derivados, la de papel y cartón, la textil, los fertilizantes, los alcoholes, el cemento y la refinación de hidrocarburos. Si bien históricamente la producción estuvo basada en el sector agropecuario, en las últimas décadas el peso de otros sectores de la economía creció considerablemente.

Uruguay se destaca en América Latina por ser una sociedad igualitaria, por su alto ingreso per cápita y por sus bajos niveles de desigualdad y pobreza. Se trata de uno de los de mayor equitatividad en la distribución de la riqueza de todo el continente (junto con Costa Rica), el de mayor índice de alfabetización y menor índice de percepción de corrupción, y uno de los tres con mayor índice de desarrollo humano de toda la región. En términos relativos, su clase media es la más grande de América, y representa más del 60 % de su población. Es un país de fuerte estabilidad política y social y de gran tradición democrática, cuya población se caracteriza por ser pacífica y solidaria.

El desarrollo de Uruguay es el resultado de la combinación de los recursos naturales del país con una población altamente alfabetizada, una estructura empresarial diversificada y una fuerte presencia del Estado.

La cultura de Uruguay es muy similar a la de argentina. La población tiene un origen fundamentalmente europeo. La conquista y colonización española de estos territorios y la influencia portuguesa, definieron la cultura dominante. Posteriormente, durante el período de la independencia y consolidación institucional y económica del país, otras corrientes migratorias europeas se integran a la población, fundamentalmente italianos y nuevas corrientes españolas, así como también ingleses, franceses, alemanes y rusos. La

07 ¿Lo sabías?

　由于乌拉圭经济发展水平高、政治相对稳定，乌拉圭货币比索对美元汇率和其周边国家相比表现坚挺。首都蒙得维的亚被认为是对外国人而言生活费最贵的拉美城市之一。

inmigración se mantiene hasta la década del 50, incentivada por las guerras europeas y mundiales. Debido a su situación geográfica y porque los límites de las expresiones culturales no reconocen las fronteras políticas, comparte varios componentes culturales con su país vecino, como la costumbre de tomar mate, los folklóricos gauchos, etc. Y las tradiciones criollas, sumadas a la cultura afrouruguaya y a los usos y costumbres de inmigrantes europeos consolidaron el particular patrimonio cultural del país.

Capital de Uruguay

«Suiza de América»

De todos los países de América Latina (AL), destaca la República Oriental de Uruguay. A pesar de su reducido tamaño posee cualidades que envidian todos: un alto nivel de vida, el más alto índice de Desarrollo Humano, una increíble democracia, así como su condición de ser uno de los países más seguros. También es de los más igualitarios (coeficiente de Gini: 0.39), con la menor corrupción y la alfabetización más alta de toda AL. Por esto, y por mucho más, muchas publicaciones lo ubican entre los países más seguros, verdes y democráticos del mundo, así como el más pacífico del continente, por lo que a menudo se lo denomina la «Suiza de América», para hacer alusión a su neutralidad en conflictos regionales.

La historia uruguaya no ha sido sencilla, han pasado por turbulencias interna e invasiones extranjeras (inglesa, argentina y portuguesa). Después de muchos años lograron la paz interna y convivir pacíficamente con sus vecinos, las dos superpotencias locales (Brasil y Argentina).

La República Oriental del Uruguay es un país fundador de la Organización de las Naciones Unidas (ONU) y de muchas de sus organizaciones, como UNESCO, UNICEF (联合国儿童基金会), OMS (世界卫生组织), FAO (联合国粮农组织), etc., así como de la OEA, ALADI, ALALC y el MERCOSUR. El último cuenta con la sede Secretaría en Montevideo.

Paraguay

La República del Paraguay está ubicado en la zona central de América del Sur. Con una superficie de 406 752 km^2 y la población aproximadamente de 7.5 millones, es un país sin litoral. Sus fronteras limitan al norte y noroeste con Bolivia, al este con Brasil y al sur y al oeste con Argentina, y el trópico de Capricornio (南回归线) atraviesa la parte central de su territorio. La ciudad de Asunción es la capital y la urbe más poblada del país.

El país ofrece principalmente recursos hídricos, hidroeléctricos, forestales y grandes oportunidades para la ganadería y la agricultura. Tiene reservas de minerales no ferrosos (adj. 含铁的) y de gas natural.

Paraguay es un país eminentemente (adv. 突出地，主要地) agrícola y ganadero, destacándose la Región Oriental por su fertilidad. Los cultivos más importantes se concentran en los cereales y oleaginosas (adj. 含油的) como la soja, trigo, maíz, girasol, siguiendo en importancia por volumen la mandioca (f. 木薯). La ganadería ha tenido importantes avances en su calidad genética y sanitaria. Dado la magnitud de los establecimientos ganaderos se realiza la cría de ganado extensiva, calculándose un promedio de un animal por hectárea de campo.

La multiculturalidad hace del Paraguay, un país peculiar y diferente, en continua evolución. Es un país con poblaciones autóctonas de cinco familias lingüísticas, prevaleciendo el guaraní, y la presencia de inmigrantes provenientes de varios países del mundo, quienes aportaron a la primera mezcla española-guaraní, una riqueza extraordinaria en las manifestaciones culturales.

Nota bibliográfica

➡ CAPDEVILA L. Paraguay bajo la sombra de sus guerras: Historia, memoria y construcción política, siglos XIX/XXI [M]. Buenos Aires: Editorial Sb, 2021.

➡ MCCARTHY C, ST. LOUIS R, RAUB K, et al. Chile y la isla de Pascua [M]. 7.ª ed. Barcelona: GeoPlaneta, 2019.

➡ MUTIC A, SKOLNICK A, MCCARTHY C, et al. Argentina y Uruguay [M]. 8.ª ed. Barcelona: GeoPlaneta, 2023.

➡ QUEVEDO L A. La cultura argentina hoy. ¡Tendencias! [M]. Buenos Aires: Siglo Veintiuno Editores Argentina S. A., 2015.

➡ VELASCO D, PENADÉS C. Uruguay panorama [M]. Montevideo: Aguaclara Editorial, 2008.

Actividades

I. 把下表相关的内容连接起来。

Uruguay	Asunción	primer exportador de cobre
Argentina	Montevideo	sin salida hacia el mar
Chile	Santiago	«Suiza de América»
Paraguay	Buenos Aires	la pampa

II. 以下是《马丁·菲耶罗》(*Martín Fierro*)中的诗句，说说诗中表达了高乔人的什么精神？如果喜欢，建议读一读本诗的中译本。

Mi gloria es vivir tan libre
como el pájaro del cielo;
no hago nido en este suelo
ande hay tanto que sufrir,
y naides (pron. 相当于 nadie) me ha de seguir
cuando yo remuento el vuelo.

III. 思考与讨论。

1. 铜为什么被称为"智利的工资"？这句话是哪位智利总统讲的？查阅资料，了解智利铜业发展的历史。
2. 乌拉圭和智利都是南美经济相对发展较好的国家，但是在社会问题方面仍然有所差异。差异体现在哪些社会问题上？为什么？根据课文，回答第一个问题，查阅资料，回答第二个问题。
3. 我们在第六课"拉丁美洲经济现代化发展进程"和第七课"现代拉丁美洲政治发展进程"中分别提到了阿根廷的经济危机和重要政治思潮与运动，请回顾前述知识，结合本课内容，从经济、政治和文化等多个角度尝试谈一谈阿根廷的一些特点。

Lectura complementaria

La guerra de la Triple Alianza

La guerra que enfrentó a Argentina, Brasil y Uruguay contra Paraguay, entre 1865 y 1870, respondió más a los intereses británicos y de acabar con un modelo autónomo de desarrollo como el paraguayo, que podía devenir (intr. 变成) en un «mal ejemplo» para el resto de América Latina, que a los objetivos de unificación nacional y defensa del territorio proclamados por sus promotores.

El conflicto que terminó por enfrentar a Paraguay con la Triple Alianza, formada por Argentina, Brasil y Uruguay, tuvo su origen en 1863, cuando Uruguay fue invadido por un grupo de liberales uruguayos comandados por el general Venancio Flores, quienes derrocaron al gobierno blanco (el Partido Nacional, también conocido como Partido Blanco, es un partido político uruguayo), de tendencia federal y único aliado de Paraguay en la región.

La invasión había sido preparada en Buenos Aires con el visto bueno del presidente Bartolomé Mitre y el apoyo de la armada brasileña. Paraguay intervino en defensa del gobierno depuesto (deponer, tr. 剥夺) y le declaró la guerra a Brasil.

El gobierno de Mitre se había declarado neutral pero no permitió el paso por Corrientes de las tropas comandadas por el gobernante paraguayo, Francisco Solano López. Esto llevó a López a declarar la guerra también a Argentina.

Brasil, Argentina y el nuevo gobierno uruguayo firmaron en mayo de 1865 el Tratado de la Triple Alianza, en el que se fijaban los objetivos de la guerra y las condiciones de rendición que se le impondrían a Paraguay. Hasta 1865 el gobierno paraguayo, bajo los gobiernos de Carlos Antonio López y su hijo Francisco Solano López, construyó astilleros (m. 造船厂), fábricas metalúrgicas (adj. 冶金的), ferrocarriles y líneas telegráficas. La mayor parte de las tierras pertenecía al Estado, que ejercía además una especie de monopolio de la comercialización en el exterior de sus dos principales productos: la yerba y el tabaco. Paraguay era la única nación de América Latina que no tenía deuda externa porque le bastaban sus recursos.

La guerra era para los paraguayos una causa nacional. Todo el pueblo participaba activamente de una guerra defensiva. Los soldados de la Triple Alianza peleaban por plata o por obligación. Esto llevó a los paraguayos a concretar verdaderas hazañas militares, como el triunfo de Curupaytí, donde contando con un armamento claramente inferior, tuvieron solo 50 muertos frente a los 9000 de los aliados.

En Argentina, la oposición a la guerra se manifestaba de las maneras más diversas, entre ellas, la actitud de los trabajadores correntinos (adj. 阿根廷科连特斯省的), que se negaron a construir embarcaciones para las tropas aliadas y en la prédica (f. 布道，说教) de pensadores que, como Juan Bautista Alberdi y José Hernández, el autor de *Martín Fierro*, apoyaban a Paraguay.

Mitre había hecho un pronóstico demasiado optimista sobre la guerra: «En veinticuatro horas en los cuarteles, en quince días en campaña, en tres meses en la Asunción». Pero lo cierto es que la guerra duró casi cinco años, le costó a Argentina más de 500 millones de pesos y 50 000 muertos.

En 1870, las tropas aliadas lograron tomar Asunción poniendo fin a la guerra. Paraguay había quedado destrozado, diezmada (diezmar, tr. 大大减少) su población y arrasado su territorio.

Por el tratado de la Triple Alianza, se establecía que los aliados respetarían la integridad territorial de Paraguay. Terminada la guerra, los ministros diplomáticos de los tres países se reunieron en Buenos Aires. El ministro de Relaciones Exteriores de Sarmiento, Mariano Varela expresó: «La victoria no da a las naciones aliadas derecho para que declaren, entre sí, como límites suyos los que el tratado determina. Esos límites deben ser discutidos con el gobierno que exista en Paraguay y su fijación será hecha en los tratados que se celebren, después de exhibidos, por las partes contratantes, los títulos en que cada una apoya sus derechos». Sin embargo, el embajador de Brasil en Argentina, Barón de Cotepige, negoció separadamente con Paraguay tratados de límites, de paz, de comercio y navegación. Esto provocó el enojo de Argentina, que decidió enviar a Río una misión diplomática encabezada por Mitre. Al ser recibido por el ministro brasileño, dijo el delegado: «Me es grato hacer los más sinceros votos por la prosperidad y el engrandecimiento de la Gran Nación Brasileña, unida a Argentina, sin olvidar la República Oriental del Uruguay, y por la gloria y sacrificios comunes de dos décadas memorables de lucha contra dos bárbaras tiranías (f. 专横，专政) que eran el oprobio (m. 耻辱) de la humanidad y un peligro para la paz y la libertad de estas naciones».

La derrota conllevó un desastre demográfico en Paraguay: según las distintas fuentes, perdió entre el 50 % y el 85 % de su población y quizá más del 90 % de su población masculina adulta. Con casi medio millón de muertos, es la guerra más mortífera (adj. 致命的) en la historia de Sudamérica. Paraguay perdió gran parte de los territorios que tenía todavía en disputa diplomática con Brasil y fue condenado a pagar una abultada (adj. 巨额的) indemnización de guerra, si bien el pago se fue atrasando a través de diferentes gobiernos de posguerra y no se llegó a efectuar en su totalidad. A partir del siglo XX la historiografía oficial de cada país ha ido revisando los hechos de la Guerra, y actualmente es considerada como una «guerra de exterminio (m. 灭绝，毁灭)» del pueblo paraguayo.

UNIDAD 16

BRASIL

巴西

导 读

　　巴西联邦共和国是拉美33个主权国家中最大的国家，领土面积最大，人口最多，自然资源最为丰富，经济规模也最大，是拉丁美洲第一大经济体。作为"金砖国家"之一，巴西是具有重要国际影响力的拉美强国。

　　巴西幅员辽阔，物产丰饶，拥有广袤的可耕种土地。世界流量最大的亚马孙河流经巴西，被誉为"地球之肺"的亚马孙雨林有60%在巴西境内。著名的伊泰普水电站依靠巴拉那河丰富的水量和巨大的落差为巴西提供了大量清洁能源。

　　巴西是拉美较早开始现代化进程的国家。独立后，咖啡经济成为推动民族经济的引擎，与进而衍生出的"咖啡政治"一同为巴西现代化启动奠定了良好的基础。20世纪中叶，工业化全面推进，20世纪70年代巴西经济迅速腾飞，实现了"巴西奇迹"，是世界上最早建立起完备工业体系的发展中国家，令世界瞩目。正是在这一发展时期，巴西利亚（Brasilia）开始兴建。1960年巴西将首都由当时的里约热内卢（Río de Janeiro）迁至巴西利亚，巴西利亚是20世纪后建成的世界最大城市。

　　但巴西同时又是拉美贫富分化非常严重的国家。在葡萄牙语中，被称为Favela的贫民窟伴随着"巴西奇迹"在以里约热内卢、圣保罗（São Paulo）为代表的大城市中野蛮生长。巴西政府把缩小贫富差距作为国家责任，成立了专门机构，通过收入再分配和社会政策试图弥合贫富差距的鸿沟。

　　作为前葡萄牙殖民地，这个南美大国与地区邻国既有相同或相近的历史文化记忆，也有着不同于前西属殖民地的一些独特之处。里约狂欢节是巴西全国规模最大、国际知名度最高的节日，以其激情奔放的桑巴、沸腾喜庆的气氛、繁多盛大的彩车而闻名。因其演员人数之多，服装之华丽，持续时间之长，而被称为"地球上最盛大的表演"。

　　巴西的经济结构和中国互补性强，作为世界农产品和能源出口大国，是中国在拉美最大的贸易伙伴和投资目的地。中巴在空间技术、地球遥感、清洁能源等多领域均有合作。

Textos

Panorama

La República Federal de Brasil, con una extensión de 8 514 965 km^2, es el país más grande de América del Sur y el quinto país con la mayor extensión de territorio del mundo después de Rusia, China, Canadá y Estados Unidos. Comprende la mitad oriental del continente, de este modo tiene frontera con todos los países de América del Sur, excepto Ecuador y Chile. Delimitado por el océano Atlántico al este, Brasil tiene una línea costera de 7491 km.

Brasil fue invadido por los europeos a partir del 1500 d. C., en especial, por los portugueses que establecieron su primera colonia en 1530 y crearon plantaciones de caña de azúcar a lo largo de la costa. Cuando los portugueses descubrieron las grandes reservas de oro y de diamantes que existían en Brasil, aceleraron su expansión en el territorio y saquearon los metales preciosos para llevarlos al viejo continente. En 1789 se inició el movimiento brasileño que intentaba derrotar a los colonizadores. Pero recién en 1822 Brasil logró convertirse en una nación libre. El último rey de descendencia portuguesa gobernó el país hasta 1888, momento en que los militares lograron expulsarlo de manera definitiva y Brasil se convirtió en una república federal. Hoy en día, Brasil está conformado por 26 estados y un distrito federal, la capital de la República, Brasilia.

Brasil presenta un paisaje variado y complejo, con abundantes ríos, humedales (m. 湿地), montañas y mesetas, que ofrecen una gran biodiversidad. La cuenca del río Amazonas ocupa más de un tercio de la superficie del país. Tiene la selva más grande del mundo, la Amazonia, ubicada en el norte del país y que tiene una extensión de 3.6 millones de km^2 en el territorio brasileño. La selva, además, está conformada por una importante red

Rincón cultural `01`

不同于拉美其他国家，巴西的独立没有经历战争。以1822年9月7日摄政王佩德罗一世宣布巴西脱离葡萄牙帝国成立巴西帝国为标志。

¿Lo sabías?

La Amazonia, también se denomina la Amazonía o el Amazonas. 亚马孙雨林位于南美洲亚马孙河盆地，占地700万平方公里。雨林横越8个国家：巴西（占森林面积的60%）、哥伦比亚、秘鲁、委内瑞拉、厄瓜多尔、玻利维亚、圭亚那及苏里南，包括法属圭亚那。亚马孙雨林占世界雨林面积的50%，森林面积的20%，是全球最大及物种最多的热带雨林。 `02`

fluvial. El país cuenta con un gran sistema fluvial que es drenado por el río Amazonas, el más extenso y caudaloso del mundo que, también, atraviesa a los países de Perú y Colombia. Además, hay numerosos ríos y arroyos más pequeños que drenan (tr. 排水) en el océano Atlántico. La mayor parte del país está comprendido entre los trópicos terrestres, por lo que las estaciones climáticas no se sienten de una manera radical en gran parte de su territorio. Gracias a su vegetación y al clima, es uno de los países con más especies de animales en el mundo.

Flor de loto, la Amazonia
(亚马孙雨林中的霸王莲，叶片可以承托一个站立的儿童)

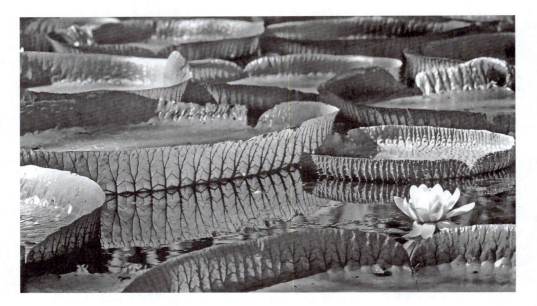

Con 215 millones de habitantes, Brasil es el país más poblado de América Latina. Reúne a gentes procedentes de África, Asia, Europa y otras zonas de América. Esto ha generado una de las sociedades más interraciales del mundo. El portugués es el idioma oficial excepto en algunas poblaciones indígenas que aún conservan su lengua original y viven en lugares remotos de la Amazonia.

Cuenta con abundantes recursos naturales, como tierras fértiles, petróleo, diversos minerales y enormes masas de agua que sirven para la agricultura, industria energética y minera, manufactura y energía hidroeléctrica. Brasil es la mayor economía de América Latina y una de las más importantes del mundo. Es considerado una economía de renta media-alta por el Banco Mundial y un país recientemente industrializado. La industria se concentra en el triángulo que forman São Paulo (圣保罗)-Río de Janeiro-Belo Horizonte (贝洛奥里藏特，又译为美景市). São Paulo es el principal estado industrial, con factorías que producen alrededor de un tercio de la cantidad total de las manufacturas de Brasil. Actualmente, Brasil es responsable del 10 % de las exportaciones mundiales de productos agrícolas. El país es el mayor exportador de soja, café, jugo de naranja y azúcar, y también ocupa el primer lugar en exportaciones de carne y pollo. Los principales productos industriales exportados son mineral de hierro, petróleo crudo y combustibles derivados del petróleo y celulosa. Brasil es el primer exportador de hierro y celulosa (f. 植物纤维素) de América Latina, y el segundo mayor exportador de petróleo de la región. Además, Brasil es distribuidor de energía hidroeléctrica hacia la región favorecido por el Central Itaipú (伊泰普水电站，是世界上仅次于我国三峡的第二大水电站，位于巴西和巴拉圭交界处). El turismo también es una de las principales industrias del país y que se mantiene en crecimiento.

Sin embargo, a pesar de ser una de las principales economías del mundo existen desigualdades sociales extremas, degradación ambiental y crisis financiera. Su abundante riqueza está muy concentrada, convirtiendo al país en uno de los más desiguales del mundo, el 10 % más rico de su población recibió más de la mitad de la renta nacional.

Miembro de BRICS

Como potencia regional y media, Brasil tiene reconocimiento e influencia internacional, siendo clasificada como una potencia global emergente y como una potencial superpotencia por varios analistas. El país es miembro del famoso bloque de los países emergentes, BRICS.

La coordinación entre Brasil, Rusia, India y China (BRIC) se inició de manera informal en 2006 con una reunión de trabajo entre los cancilleres de los cuatro países al margen de la Asamblea General de las Naciones Unidas.

Desde entonces, el acrónimo (f. 缩写), creado unos años antes por el mercado financiero, ya no se limitó a identificar cuatro economías emergentes. El BRIC pasó a constituir un mecanismo de cooperación en áreas que tengan el potencial de generar resultados concretos a los pueblos de los países miembros. En 2011, Sudáfrica pasó a formar parte de la agrupación, añadiendo la «S» al acrónimo, ahora BRICS.

Desde 2009, los jefes de Estado y de Gobierno de la agrupación se encuentran cada año. Desde la primera cumbre, el BRICS ha ampliado significativamente sus actividades en diversos campos, pero fue en el campo financiero que los países miembros pasaron a actuar de forma coordinada, a partir de la crisis de 2008, en el marco del G20, del FMI y del Banco Mundial, con propuestas de reforma de las estructuras de gobernanza financiera global, en línea con el aumento del peso relativo de países emergentes en la economía mundial.

La cooperación intra-BRICS en el sector financiero llevó a la creación de las dos primeras instituciones del mecanismo: el Nuevo Banco de Desarrollo (NDB) (金砖国家新开发银行) y el Acuerdo Contingente de Reservas (ACR) (《关于建立金砖国家应急储备安排的条约》). La creación del banco tuvo como objetivo responder al problema global de la escasez de recursos para el financiamiento de proyectos de infraestructura. El objetivo del ACR es garantizar la liquidez para enfrentar las crisis de balanza de pagos en los países del grupo.

En 2019, Brasil ejerció la presidencia de turno del BRICS, bajo el mote «Crecimiento Económico para un Futuro Innovador». Se ha dado prioridad a iniciativas en las áreas de ciencia, tecnología e innovación, economía digital, salud, cooperación en el combate al crimen transnacional y la aproximación entre los sectores privados de los cinco países y el Nuevo Banco de Desarrollo. La presidencia de turno brasileña organizó más de cien reuniones durante todo el año, incluso 16 a nivel ministerial. Los cinco jefes de Estado y de Gobierno participaron de la Cumbre de Brasilia, celebrada los días 13 y 14 de noviembre de 2019.

Cultura

La cultura del Brasil moderno se ha configurado a partir de un rico pasado de tradiciones étnicas. Los primeros colonos portugueses tomaron muchas costumbres y palabras de la población nativa de América. Durante el período de colonización, millones de esclavos negros africanos que fueron traídos a Brasil añadieron un elemento africano a la vida cultural brasileña. Sus ritos religiosos se unieron a los del catolicismo para formar cultos afro-brasileños singulares. La diversidad de culturas, de los invasores, de los nativos y de los inmigrantes, generó nuevas costumbres religiosas, musicales y culinarias (adj. 烹饪的).

Vestimenta típica de Brasil

Una de las principales características de la cultura brasileña que refleja esa diversidad es la música, como el folklore africano en portugués, la samba y la bossa nova (一种融合了巴西桑巴舞曲和美国酷派爵士的"新派爵士乐") que combina samba y jazz.

En Brasil el Carnaval es la madre de todas las fiestas que preceden a la Cuaresma (f. 封斋节), una ocasión en la que millones de personas celebran juntas y apasionadamente antes de renunciar a todos los placeres de la carne. No existe nada comparable con la exuberancia (f. 盛大), la alegría, la diversión y el entusiasmo del gran Carnaval brasileño. Los festejos siempre comienzan semanas antes con los ensayos del desfile de Samba, y las fiestas callejeras. Es una fiesta sin fin que se celebra en todo el país y una experiencia inolvidable que no se quiere perder. el Carnaval de Río es el acontecimiento más famoso de los Carnavales de Brasil, que adquirió reconocimiento a nivel mundial debido al imponente despliegue del festejo y de la calidad del espectáculo de las diferentes comparsas (f. 狂欢的队伍) que desfilan con sus coloridos trajes y carrozas (f. 彩车) al compás de la música tradicional.

La capoeira (f. 卡波耶拉，一种巴西战舞) surgió como una técnica de arte marcial (adj. 军事的) y, con el tiempo, se convirtió en un deporte nacional de Brasil. En la actualidad combina técnicas de lucha con baile popular de influencia africana y es una de las representaciones de la cultura brasileña más reconocida en todo el mundo.

Río de Janeiro: la capital antigua y ciudad de contraste

Río de Janeiro, ubicada en el sureste del país, fue la capital del Imperio portugués entre 1808 y 1822 y, más tarde, la capital de Brasil desde 1822, cuando la nación declaró su independencia del país. Conservó ese rango hasta la inauguración de Brasilia, en 1960.

Actualmente, es el nombre tanto del estado como

de su capital, que es reconocida como la puerta de entrada a Brasil. Río de Janeiro no es solamente la ciudad más nombrada de Brasil, sino una de las más bellas del mundo. Esta ciudad yace entre el mar y las montañas. Con una increíble mezcla de mar y montaña que envuelve a las playas de Copacabana y Ipanema (科帕卡巴纳海滩和伊帕内马海滩，其中科帕卡巴纳海滩是世界四大著名海滩之一), Río de Janeiro es una ciudad rodeada de incomparables bellezas naturales.

Río es una ciudad de contrastes. Enormes montañas de granito emergen de doradas playas, impecables edificios coloniales conviven con los modernos rascacielos de cristales, así como bosques esparcidos en medio de grandes zonas residenciales. Es una ciudad llena de vida, que adora la playa, el fútbol, la samba y el carnaval. Y sobre toda esta diversión y frivolidad, se encuentra la imagen más popular de Río —el Cristo Redentor—, posado en la cima del Corcovado, desde donde bendice a la ciudad.

La ciudad es una mezcla de cultura y gentes en varios niveles de riqueza y pobreza. En Río, los ricos y los pobres viven codo con codo y las áreas exclusivas están muy cerca de las favelas (f. 贫民区). Favela es el nombre dado

Rincón cultural

Cristo Redentor, 救世基督像，是一座装饰艺术风格的大型耶稣基督雕像，是里约热内卢的标志，也是世界最著名的纪念雕塑之一，2007年入选世界新七大奇迹。

04

Favelas de Río

en Brasil a los asentamientos precarios o informales que crecen en torno o dentro mismo de las ciudades grandes del país. Son asentamientos que carecen de derechos de propiedad, y constituyen aglomeraciones de viviendas de una calidad por debajo de la media. Sufren carencias de infraestructuras básicas, de servicios urbanos y también equipamientos sociales o están situadas en áreas geológicamente inadecuadas o ambientalmente sensibles. En su búsqueda de una vivienda asequible, los pobres de las ciudades se enfrentan de esta forma a un equilibrio entre la localización y los derechos de propiedad. Las favelas ofrecen la proximidad a los empleos, el comercio y los equipamientos urbanos.

Nota bibliográfica

➡ 吕银春, 周俊南. 巴西[M]. 北京: 社会科学文献出版社, 2004.

➡ NATANSON J. El milagro brasileño, ¿Cómo hizo Brasil para convertirse en potencia mundial? [M]. Barcelona: Editorial Debate, 2014.

➡ RIBEIRO D. El pueblo brasileño: la formación y el sentido de Brasil [M]. Ciudad de México: Fondo de Cultura Económica, 1999.

➡ SCHWARCZ L M, STARLING H M. Brasil: Una biografía [M]. Barcelona: Editorial Debate, 2016.

Actividades

I. 把下列内容连线，你可能需要查找一些资料，以便更好地了解巴西。

Brasilia	principal base industrial	centro de poder
São Paulo	«corazón de la Amazonia»	Cristo Redentor
Río de Janeiro	capital	fiebre del caucho
Manaus	capital antigua	la ciudad más poblada

II. 下图是巴西首都巴西利亚，文中提到1960年巴西正式将首都从里约迁至巴西利亚。这是一座为了成为首都而兴建的城市。查阅资料，了解巴西利亚的历史，想一想，为什么巴西要在20世纪60年代迁都并且能够较好地完成这座新型首都的建设？

Foto a ojo de pájaro de Brasilia

III. 思考与讨论。

1. 限于篇幅，本课仅提及了巴西金融危机。回顾我们学习过的章节，你还记得巴西的金融危机及其影响吗？

2. 找一些里约热内卢的图片和资料看看，另外动画电影《里约大冒险》（2014），也从一个侧面展现了里约的风貌。你喜欢里约吗？为什么说里约是一座有着巨大反差的城市？窥一斑而见全豹，这说明了巴西的什么问题？

3. 你知道球王贝利的故事吗？阅读下文，和热爱足球的同学一起谈一谈巴西足球的魅力吧。

      Para los brasileños el fútbol es más que un deporte, es un estilo de vida. Vivir un partido de fútbol de Brasil en el estadio es sin duda una experiencia única. Pero vivir un partido de Brasil, en un barrio brasileño, en la casa de una familia brasileña es incomparable. En Brasil se le conoce como el «juego bonito» y finalmente comprendemos porqué. No se trata del juego en sí sobre el césped en un estadio cualquiera, se trata de un momento incomparable en las casas y barrios de los 200 millones de brasileños. Es sobre su cultura, lo que corre en sus venas, música, compañía y fútbol. Para ellos ver a su selección jugar es toda una celebración. Eligen una vivienda para reunirse, preparan comida, bebidas, música... y disfrutan... sin parar. Los brasileños en general son gente cálida, sonrientes, pero cuando Brasil está en la cancha, todo se magnifica. Al final no importa si Brasil gana o no. Al final no importa si están en el estadio o en sus casas. Los brasileños disfrutan en familia, con amigos, con vecinos, todos comparten una misma alegría, la razón que los une a todos, el amor al fútbol, esa pasión que es admirable y que los identifica como nación, sin importar su clase social o color de piel.

Lectura complementaria

50 años en 50. El largo y sinuoso camino del desarrollo industrial de Brasil

Hace más de 60 años Brasil vivía un impulso de desarrollo económico sin precedentes, en el marco del Plan de Metas elaborado por el gobierno de Kubitschek (库比契克，1956—1961年间任巴西总统), cuyo lema era «50 años en cinco». Tuvo lugar por lo tanto la elaboración de un marco de industrialización planificada sobre la base de un conjunto inédito de instituciones y políticas focalizadas en fomentar el desarrollo industrial. El Plan de Metas era de una naturaleza pragmática: se utilizaron instrumentos muy diversos, como aranceles aduaneros altos, tipos de cambio diferenciados y el control a la salida de divisas mediante un andamiaje legal y regulatorio favorable a la entrada de capital extranjero y, al mismo tiempo, el recurso de la participación directa del Estado en inversiones en industria de base e infraestructura.

Algunos años después, superada una fase de inestabilidad política y económica en el inicio de la década de 1960, tuvo lugar un segundo ciclo desarrollista, organizado en torno del primer y el segundo plan nacional de desarrollo que el régimen militar instaurado en el país llevó a cabo entre 1968 y 1979. Fueron los años del Milagro Económico y del gran salto para la industrialización pesada. Con un alcance aún mayor, ese nuevo ciclo desarrollista conjugó instrumentos que tornaron aún más visible la mano firme del Estado como coordinador de las inversiones, principalmente mediante un mayor protagonismo de las empresas estatales. Estas lograron un rango de acción mayor que el observado durante el Plan de Metas, actuando como controladoras o asociadas relevantes en un gran número de emprendimientos en sectores estratégicos, con el fin de proseguir con el proceso de industrialización acelerada del país.

Sin embargo, el cambio en la estructura del orden económico internacional post Bretton Woods (布雷顿森林体系), que alcanzó su punto neurálgico justamente durante los años finales de la década de 1970 con las crisis del petróleo y de las tasas de interés significó una gran contracción de la liquidez en los mercados financieros internacionales, lo que agotó el modelo altamente dependiente del capital externo que se había instituido en el país. Desde entonces, inmersa en un cuadro de profunda vulnerabilidad externa, la economía de Brasil pasó a enfrentar una predisposición crónica al bajo crecimiento. Las razones para esto estaban relacionadas con la mala gestión macroeconómica que siguió al agotamiento del proceso de industrialización por sustitución de importaciones. Los sucesivos brotes inflacionarios ocurridos en ese período, cuyo control se había tornado cada vez más difícil, eran la evidencia incuestionable del grave desequilibrio fiscal provocado por los niveles no sostenibles de endeudamiento interno y externo del sector público. La necesidad de mantener el tipo de cambio real devaluado para estimular el saldo comercial y las tasas de interés elevadas para posibilitar el financiamiento de la brecha de la balanza de pagos, por medio de la atracción de capitales externos, formaban una ecuación de políticas poco eficaces y cada vez más costosas para la sociedad.

Se produce, por lo tanto, un sinnúmero de planes de estabilización monetaria a partir de 1986 con el Plan Cruzado —un intento de controlar la inflación mediante el congelamiento de los precios— hasta el Plan Collor (科洛尔计划，科洛尔在 1990—1992年间任巴西总统), un intento aún más heterodoxo de matar la inflación por medio del congelamiento de la liquidez, unido a un proceso rápido de apertura comercial y de liberalización de la economía. La inflación no fue controlada sino hasta 1993, con la elaboración del Plan Real (雷亚尔计划), un plan de estabilización basado en un anclaje cambiario y en la intensificación de la apertura comercial y financiera de la economía, especialmente luego de que fuera revisado como respuesta a la crisis cambiaria de 1999, que conllevó la adopción de un régimen de metas de inflación con anclas monetarias y fiscales, que siguen estando vigentes.

Entre los países de América Latina, Brasil fue el que consiguió llegar más lejos en el proyecto original de industrialización, el que enfrentó el período más prolongado de estancamiento y, actualmente, el que reúne las mejores condiciones para el salto en dirección hacia un nuevo período de desarrollo.

主要参考文献
Bibliografía general

中文书籍:

[1] 伯恩斯,查利普. 简明拉丁美洲史:拉丁美洲现代化进程的诠释[M]. 王宁坤, 译. 北京:世界图书出版公司北京公司,2009.

[2] 韩琦. 世界现代化历程:拉美卷[M]. 南京:江苏人民出版社,2012.

[3] 郝名玮,徐世澄. 拉丁美洲文明[M]. 北京:中国社会科学出版社,1999.

[4] 威亚尔达,克莱恩. 拉丁美洲的政治与发展[M]. 刘捷,李宇娴,译. 上海:上海 译文出版社,2017.

[5] 斯基德莫尔,史密斯,格林. 现代拉丁美洲:第七版[M]. 张森根,岳云霞,译. 北京:当代中国出版社,2014.

[6] 布尔默-托马斯. 独立以来的拉丁美洲经济史[M]. 张森根,王萍,译. 杭州:浙 江大学出版社,2020.

[7] 徐世澄,袁东振. 拉丁美洲政治[M]. 北京:中国社会科学出版社,2023.

[8] 贝瑟尔. 剑桥拉丁美洲史:第三卷 从独立到大约1870年[M]. 北京:社会科学 文献出版社,1994.

[9] 贝瑟尔.剑桥拉丁美洲史:第六卷上 1930年至1990年的拉美经济与社会 [M]. 北京:当代世界出版社,2001.

[10] 贝瑟尔.剑桥拉丁美洲史:第六卷下 1930年至1990年的拉美政治与社会 [M]. 北京: 当代世界出版社,2001.

[11] 中国社会科学院《列国志》编辑委员会. 列国志[M]. 北京:社科文献出版社, 2018.

[12] 徐世澄. 委内瑞拉查韦斯"21世纪社会主义"初析[J]. 马克思主义研究, 2010(10): 113.

西语书籍:

[13] Ministerio de Educación de la Nación. Historia Argentina contemporánea [M]. Ciudad Autónoma de Buenos Aires: Ministerio de Educación de la Nación, 2015.

[14] CRICHIGNO P. Teorías sobre población y desarrollo; ideas contemporáneas sobre el desarrollo [R]. Santiago de Chile: CEPAL, 1992.

[15] FERNÁNDEZ LEIVA C, FUENTES ILLANES F, PANZA CONCHA P. Historia, Geografía y Ciencias Sociales 4° Básico: Texto del estudiante [M]. Santiago de Chile: SM, 2017.

[16] FUNES P. Historia mínima de las ideas políticas en América Latina [M]. Ciudad de México: El Colegio de México, 2014

[17] GALEANO E. Las venas abiertas de América Latina [M]. 76.ª ed. Ciudad de México: Siglo XXI, 2004.

[18] KRICKEBERG W. Mitos y leyendas de los aztecas: incas, mayas y muiscas [M]. Ciudad de México: Fondo de Cultura Económica, 2012.

[19] KUPFER D, FERRAZ J C, CARVALHO L. 50 años en 50. El largo y sinuoso camino del desarrollo industrial de Brasil [J]. Boletín Informativo Techint, 2009 (330): 45–72.

[20] LANDA DEL RÍO L, PINTO ARRATIA V. Historia, Geografía y Ciencias Sociales 7° Básico: Texto del estudiante [M]. Santiago de Chile: SM, 2017.

[21] LI Ziying. Los inmigrantes chinos en Cuba: contribuciones e influencias [C]//Xu Shicheng, OVIEDO E D. Foro Internacional sobre Confucianismo: I Simposio Internacional en Lima sobre Diálogos entre las Civilizaciones de China y América Latina. Barcelona: Editorial Bellaterra, 2018: 289–302.

[22] LUCENA M. Así vivían los aztecas [M]. Madrid: Anaya, 1992.

[23] MORALES MERY J, PASTENE ORTEGA S, SANTELICES ARIZTÍA C, et al. Historia, geografía y ciencias sociales 1° Medio: Texto del estudiante[M]. Santiago de Chile: Santillana, 2016.

[24] OCDE. Mejorando la inclusión social en América Latina: Desafíos clave y el rol de los sistemas de protección social [R]. [S.l.]: OCDE, 2017.

[25] OCDE. Panorama de las Administraciones Públicas América Latina y el Caribe 2020 [R]. París: OCDE Publishing, 2020.

[26] Oficina Regional de Cultura para América y el Caribe de la UNESCO. El patrimonio mundial en el Caribe [J]. Cultura y desarrollo, 2014(11): 15–31.

[27] RODRÍGUEZ TOLEDO C. América Latina en la segunda mitad del siglo XX [M]. Santiago de Chile: Ministerio de Educación, 2013.

[28] SIRVIA HERZOG J. Breve historia de la revolución mexicana [M]. 2.ª ed. Ciudad de México: Fondo de Cultura Económica, 1972.

[29] ROJAS RABIELA T, MURRA J V. Historia general de América Latina: Vol. I Las sociedades originarias [M]. Madrid: Ediciones UNESCO, Editorial Trotta, 1999.

[30] CASTILLERO-CALVO A, KUETHE A. Historia general de América Latina: Vol. III/1 Consolidación del orden colonial [M]. Madrid: Ediciones UNESCO, Editorial Trotta, 2001.

[31] AYALA MORA E, POSADA CARBÓ E. Historia general de América Latina: Vol. VII Los proyectos nacionales latinoamericanos sus instrumentos y articulación 1870–1930 [M]. Madrid: Ediciones UNESCO, Editorial Trotta, 2008.

网络资源：

[32] Agência Brasil [EB/OL]. [2022–01–12]. https://agenciabrasil.ebc.com.br/es/.

[33] Arqueología Mexicana [EB/OL]. [2021–10–01]. https://arqueologiamexicana. mx/.

[34] Banco Mundial en América Latina y el Caribe [EB/OL]. [2023–04–10]. https:// www.bancomundial.org/es/region/lac/.

[35] Biblioteca Nacional de Colombia [EB/OL]. [2021–10–12]. https://bibliotecanacional. gov.co/es-co/.

[36] Biblioteca Nacional de Maestras y Maestros [EB/OL]. [2023–02–12]. http:// www.bnm.me.gov.ar/.

[37] Biblioteca País [EB/OL]. [2023–01–15]. https://bibliotecapais.ceibal.edu. uy/?locale=es/.

[38] Canal de Panamá [EB/OL]. [2022–02–10]. https://pancanal.com/.

[39] Comisión Económica para América Latina y el Caribe [EB/OL]. [2021–10–01]. https://www.cepal.org/.

[40] Cuba Travel [EB/OL]. [2023–01–16]. https://www.cuba.travel/.

[41] El Historiador [EB/OL]. [2022–11–08]. https://www.elhistoriador.com.ar/.

[42] El Mercurio [EB/OL]. [2022–10–15]. https://digital.elmercurio.com/.

[43] Embajada de la República Bolivariana de Venezuela en la República de Polonia [EB/OL]. [2022–01–16]. https://www.venez.pl/language/es/.

[44] Enciclopedia Humanidades [EB/OL]. [2021–10–07]. https://humanidades.

com/.

[45] Fundéu [EB/OL]. [2022-10-22]. https://www.fundeu.es/.

[46] Gobierno de Argentina [EB/OL]. [2023-01-12]. https://www.argentina.gob.ar/.

[47] Historia Mexicana [EB/OL]. [2021-10-15]. https://lahistoriamexicana.mx/.

[48] Instituto de Estudios Peruanos [EB/OL]. [2021-10-20]. https://iep.org.pe/.

[49] Lonely Planet [EB/OL]. [2022-01-12]. https://www.lonelyplanet.es/.

[50] Marca País Colombia [EB/OL]. [2023-01-19]. https://www.colombia.co/.

[51] Memoria Chilena [EB/OL]. [2021-11-12]. http://www.memoriachilena.gob.cl/.

[52] Ministerio de Cultura y Deporte [EB/OL]. [2022-01-10]. https://www.culturaydeporte.gob.es/portada.html.

[53] National Geographic en español [EB/OL]. [2021-10-23]. https://www.ngenespanol.com/.

[54] National Geographic España [EB/OL]. [2021-10-23]. https://www.nationalgeographic.com.es/.

[55] Noticias ONU [EB/OL]. [2023-02-05]. https://news.un.org/es/.

[56] Noticonquista [EB/OL]. [2021-10-14]. http://www.noticonquista.unam.mx/.

[57] Política Exterior [EB/OL]. [2022-01-12]. https://www.politicaexterior.com/.

[58] Portal Académico del Colegio de Ciencias y Humanidades [EB/OL]. [2021-10-14]. https://portalacademico.cch.unam.mx/.

[59] Publicaciones de BID [EB/OL]. [2022-01-20]. https://publications.iadb.org/es/.

[60] teleSUR [EB/OL]. [2021-10-25]. https://www.telesurtv.net/.

[61] UNESCO [EB/OL]. [2022-03-16]. https://www.unesco.org/es.

[62] UNICEF [EB/OL]. [2022-02-14]. https://www.unicef.org/es/.

[63] Visita Centroamérica [EB/OL]. [2021-10-25]. https://www.visitcentroamerica.com/.

[64] Visita Costa Rica [EB/OL]. [2021-10-28]. https://www.visitcostarica.com/es/.